Zeichenschule MANGA

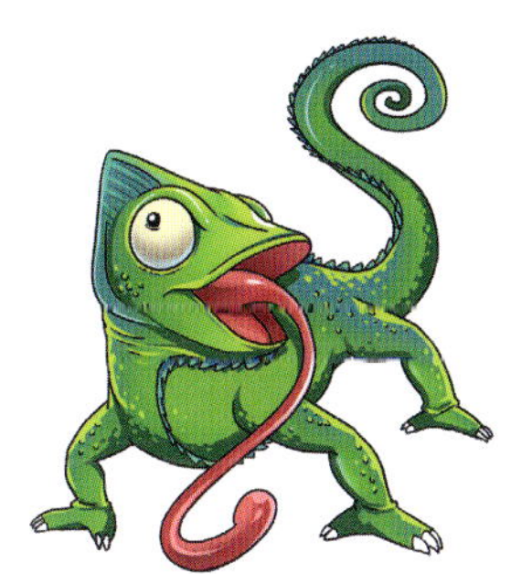

ISBN 978-3-8094-4796-2

1. Auflage

Die englische Originalausgabe erschien erstmals 2017 bei Search Press Limited, Wellwood, North Farm Road, Tunbridge Wells, Kent, TN2 3DR unter dem Titel How to Draw Manga in Simple Steps

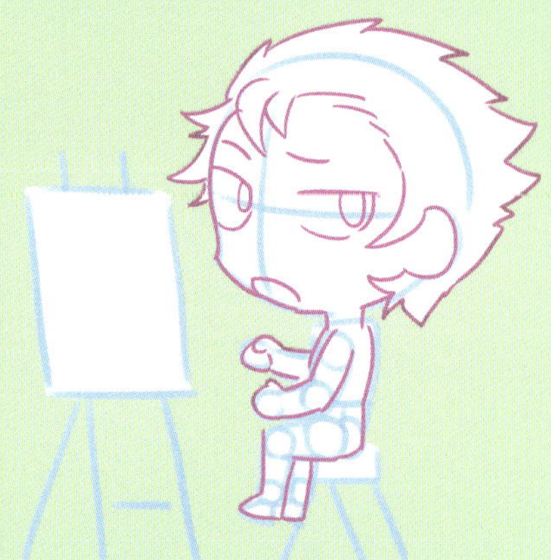

Projektleitung und Übersetzung dieser Ausgabe: Sibylle Lehmann
Umschlaggestaltung: Atelier Versen, Bad Aibling
Satz: Nadine Thiel, kreativsatz
Herstellung: Franziska Polenz

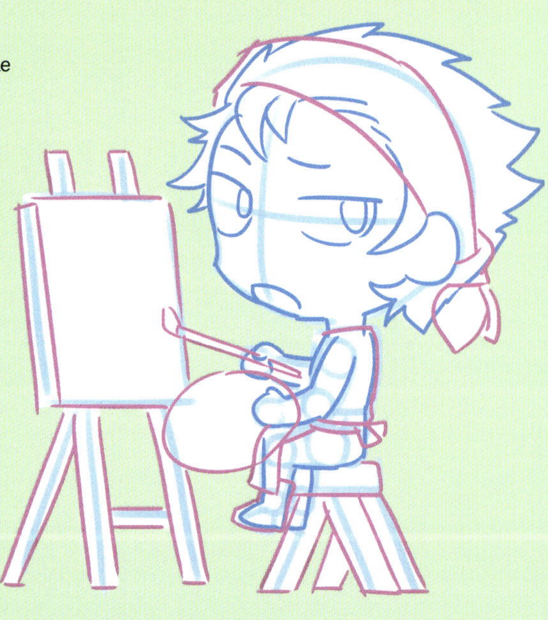

Druck und Bindung: TBB, a.s.
Printed in Slovakia

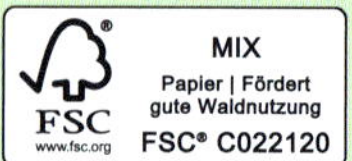

Penguin Random House Verlagsgruppe FSC® N001967

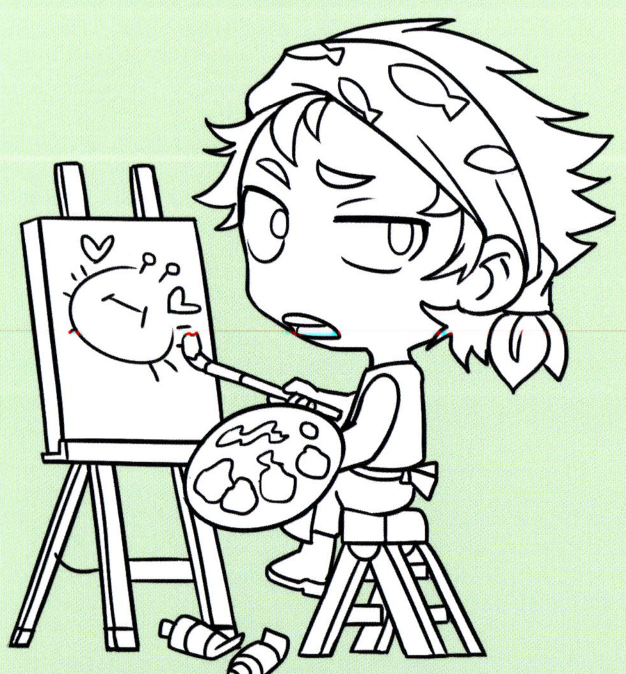

Yishan Li

Zeichenschule MANGA

100 Figuren, Posen, Charaktere

Schritt für Schritt

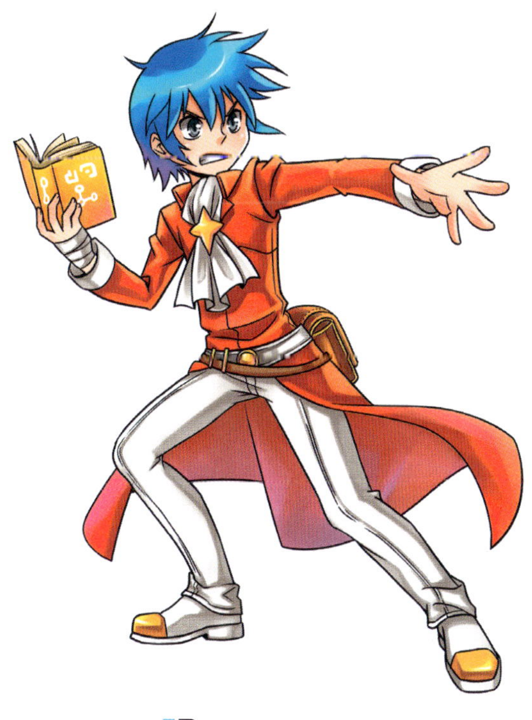

Bassermann

INHALT

Einleitung

Manga Jungs

Gesicht von vorne 9
Gesicht von der Seite 10
Kopf und Oberkörper 11
Kopf und Oberkörper von der Seite 12
Oberkörper in Pose 13
Botenjunge 14
Junger Pirat 15
Junge in Action 16
Sitzender Junge 17
Kostümparty 18
Springender Junge 19
Junger Zauberer 20
Springender Elf 21
Fashion Boy 22
Action Hero 23
Zauberer in Action 24
Shopping Boy 25
Ein heißer Sommertag 26
Fußballer 27

Manga Mädchen

Gesicht von vorne 29
Gesicht von der Seite 30
Langhaarige Elfe – Oberkörper 31
Verschlafenes Mädchen – Oberkörper 32
Süßes Cat Girl – Oberkörper 33
Cheerleader 34
Laufendes Schulmädchen 35
Zimmermädchen 36
Gothic Queen 37
Hamburger Girl 38
Zauberin 39
Mädchen mit Teddybär 40
Swimmingpool Girl 41
Niedliche Elfe 42
Music Star 43
Engel 44
Räuberin 45
Edle Elfe 46
Teenage Girl 47

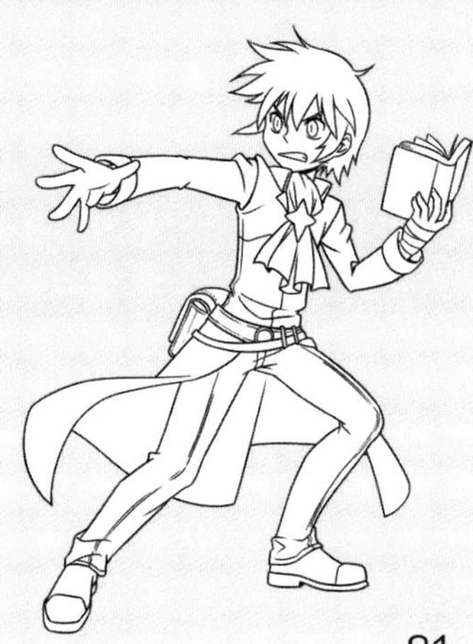

Manga Tiere

Hund mit Schleife 49
Kleiner Hase mit Schleife 50
Panda 51
Eichhörnchen mit Nuss 52
Weiße Katze 53
Krokodil 54
Gecko 55
Kleiner Pinguin 56
Trabendes Pferd 57
Weißer Hai 58
Kleiner Panda ganz fröhlich 59
Löwenjunges 60
Känguru 61
Farbenfroher Sittich 62
Oktopus 63
Blaue Schlange 64
Koala-Mama mit Baby 65
Bär 66
Lustiger Lemur 67
Schildkröte 68
Tiger 69

Manga Chibis

Kleine Dämonen 71
Schüchternes Mädchen 72
Schuljungs 73
Kleiner Kellner 74
Pizza Boy 75
Kleine Elfe 76
Dame und Dienerin 77
Kleine Action Heros 78
Kleiner Drachentöter 79
Verkäuferin 80
Harte Jungs 81
Kleine Bäcker 82
Cat Girl Bogenschützin 83
Gute Zauberin 84
Santa Claus‘ kleine Helferin 85
Im Eisbären-Kostüm 86
Kleine Kampfkünstlerin 87
Fußballer 88
Schlafenszeit 89
Cat Girl Dienstmädchen 90

Manga Mythen und Legenden

Vogel Greif 92
Hippokamp 93
Seeschlange 94
Pan 95
Doppelköpfiger Drache 96
Sphinx 97
Sirin 98
Sirene 99
Scorpius 100
Zentaur 101
Cockatrice 102
Anubis 103
Riesenschlange Orochi 104
Gestiefelter Kater 105
Kleine Teufelin 106
Goldener Drache 107
Dämon 108
Drakon 109
Einhorn 110
Mantikor 111
Grüner Drache 112

EINLEITUNG

Die bekannte Comiczeichnerin Yishan Li ist eine Expertin in Sachen Manga. Diese Sammlung bietet dir eine vielfältige und spannende Auswahl ihrer Illustrationen mit lustigen und fantasievollen Figuren, die allesamt Schritt für Schritt erklärt werden.

Ursprünglich kommt Manga aus Japan und hat im Laufe der Zeit eine enorme Popularität erlangt mit einer riesengroßen weltweiten Anhängerschaft. Dieses Buch versetzt dich in die Lage, die Grundlagen des Manga-Zeichnens zu erlernen. Dabei können dir Yishans Zeichnungen rein zur Inspiration dienen. Vor allem aber liefern sie dir ganz konkrete Hilfestellungen, um den einzigartigen Manga-Stil zu lernen.

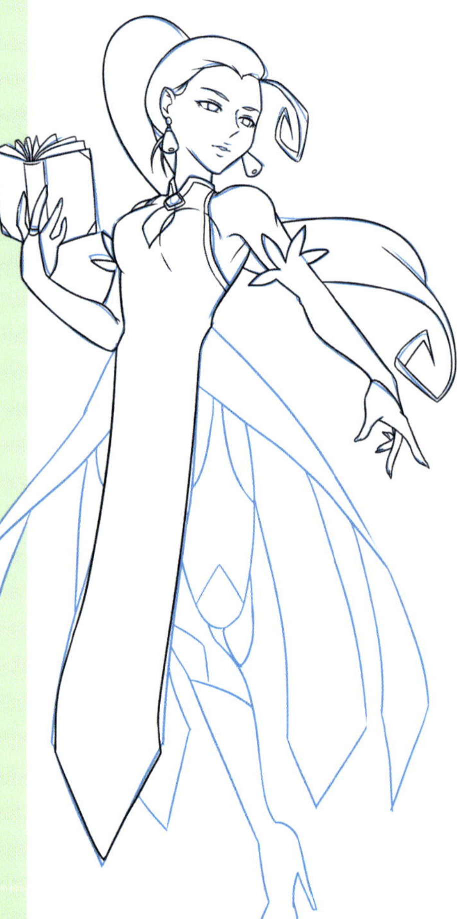

Mangas illustrieren ist einfach: Aus simplen geometrischen Grundformen wie Kreise, Ovale, Quadrate, Rechtecke und Linien entstehen in jeweils acht Schritten die fertigen Figuren. Damit du nicht den Überblick verlierst, werden für die Zeichenschritte zudem unterschiedliche Farben verwendet. Diese Farben sind dein Leitfaden, der dir zeigt, wie neue Formen auf vorhandenen aufbauen und weitere Merkmale hinzugefügt und miteinander verbunden werden und sich so die Figur entwickelt. Und in dem letzten Schritt wird die fertige Figur immer koloriert dargestellt.

Verwende für den Entwurf deiner Manga-Figur immer einen Bleistift (Härte HB, B oder 2B). Zeichne ohne Druck, damit du ungewünschte Linien leicht ausradieren kannst. Deine fertige Skizze kann eine detaillierte Bleistiftzeichnung sein, oder du fährst die Linien mit einem Kugelschreiber oder Filzstift nach. Für das Finish im echten Manga-Stil kannst du auch die Linien mit einem wasserfesten, schwarzen Tintenstift nachziehen und dann sichtbare Bleistiftspuren wegradieren.

Wenn du deiner Manga-Figur Farbe verleihen möchtest, verwendest du am besten Buntstifte, Marker, Wasser- oder Aquarellfarben. Alternativ kannst du auch – vorausgesetzt, du hast die entsprechende Ausrüstung – die Motive einscannen und am Computer kolorieren.

Sobald du den Dreh raus hast, wirst du sicherlich deine eigenen Manga-Kreationen entwickeln wollen, die du genauso wie hier gezeigt anhand der einfachen Grundformen aufbauen kannst. Du kannst dir zudem die Arbeit auch vereinfachen, indem du mit Transparentpapier Formen und Linien abnimmst und auf neue Figuren überträgst.

Vor allem aber: Nutze deine Fantasie und Vorstellungskraft! Deine Manga-Charaktere wollen interessant und mit einer tollen Persönlichkeit ausgestattet sein. Ein klares Bild von ihnen vor Augen zu haben ist der beste Weg, deine Manga-Kreationen interessant, spannend und authentisch zu gestalten.

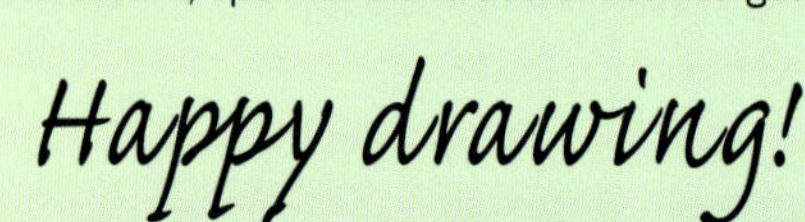

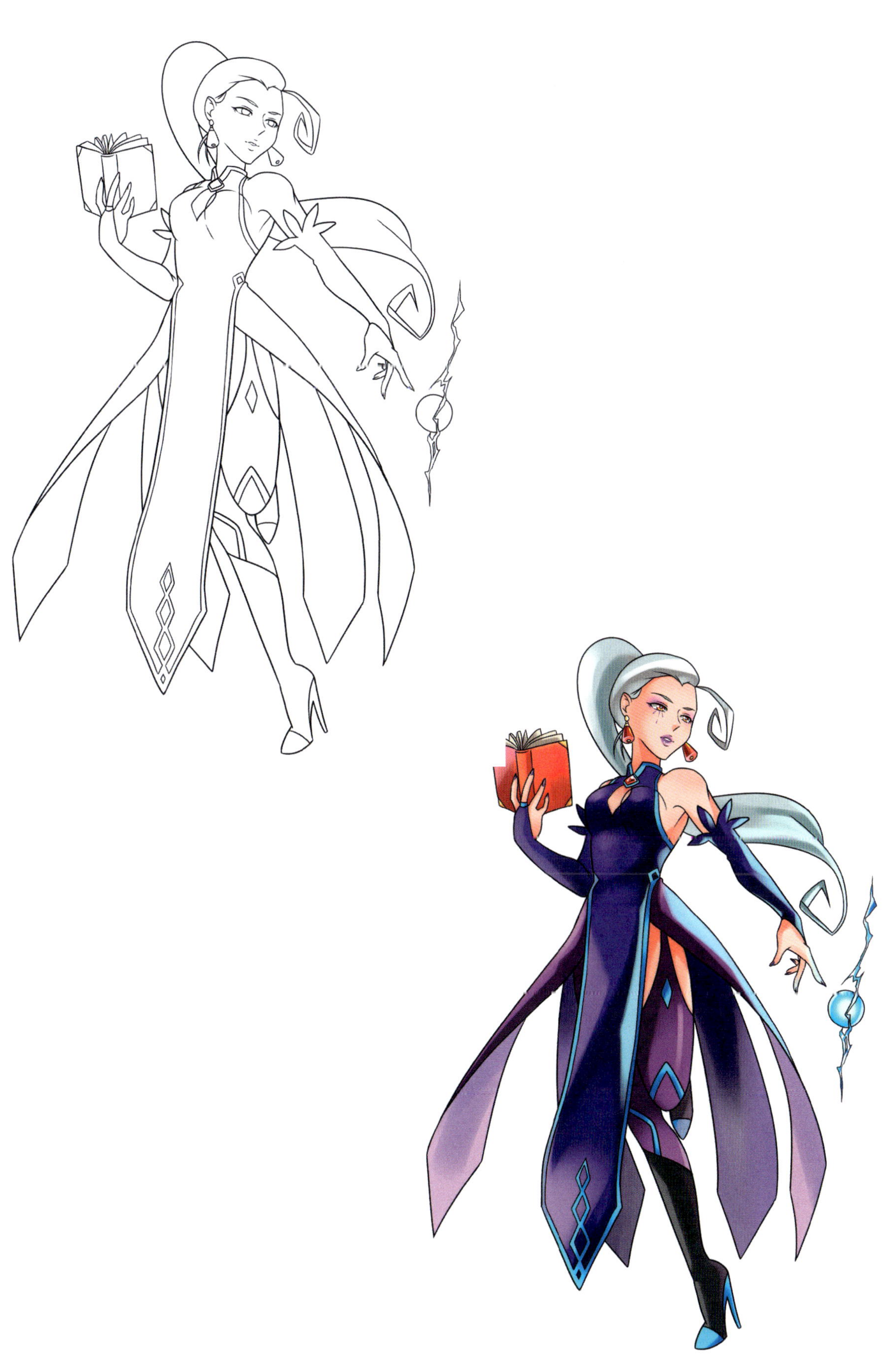

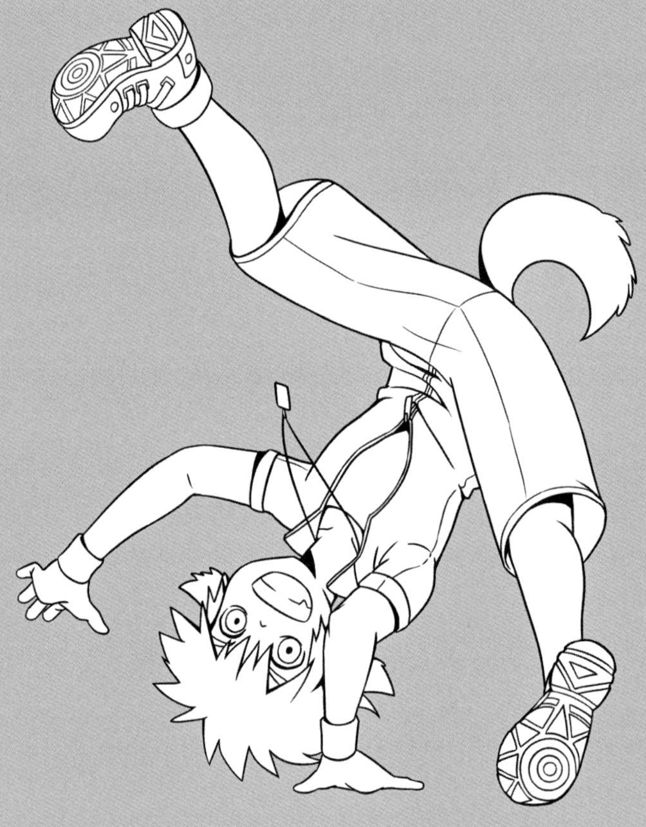

MANGA JUNGS

Los geht's mit den Manga Jungs und den Grundlagen für das Manga-Zeichnen. Hier findest du eine große Auswahl an menschlichen wie magischen Jungs mit vielen Posen und tollen Ausdrücken.

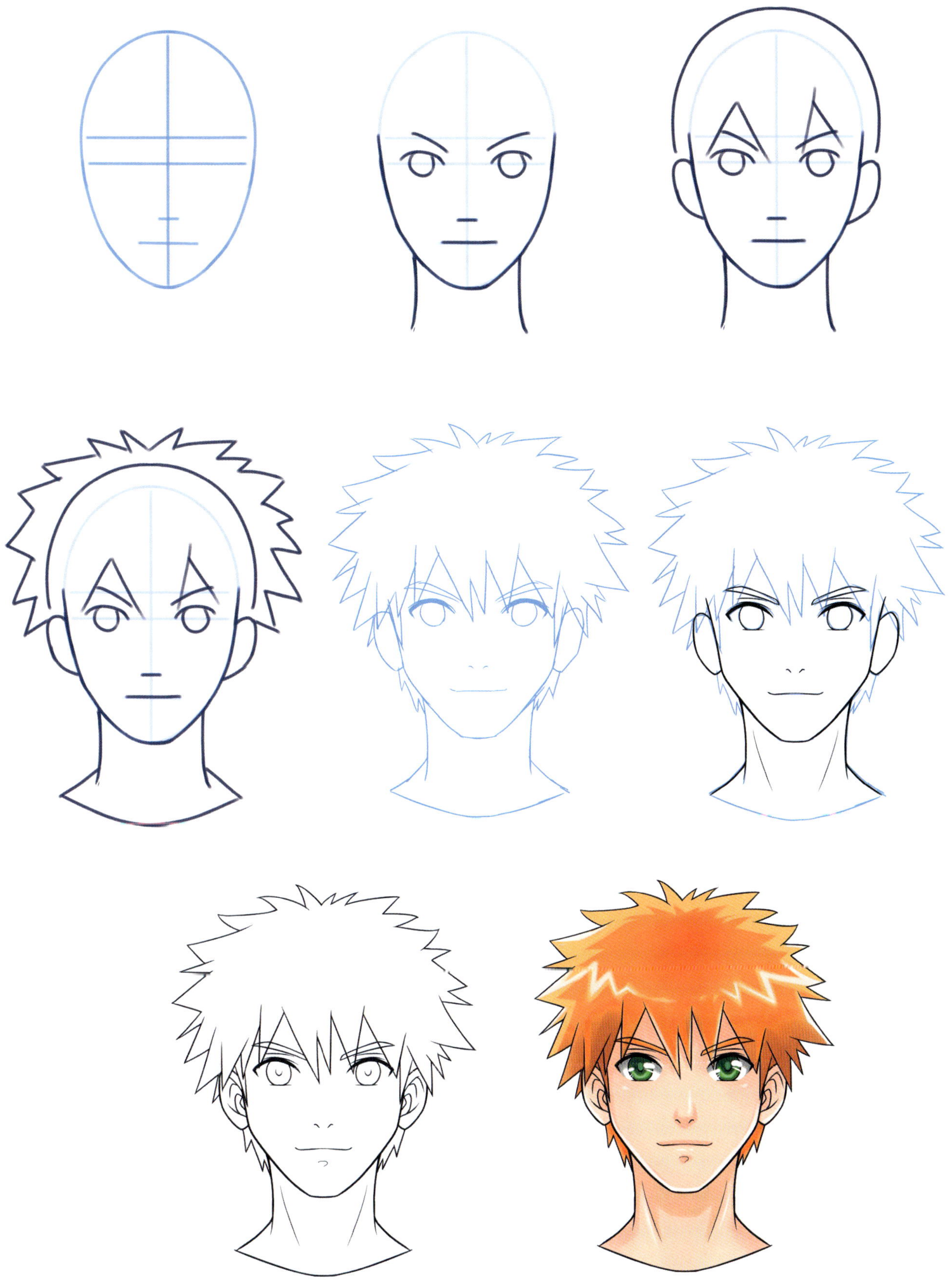

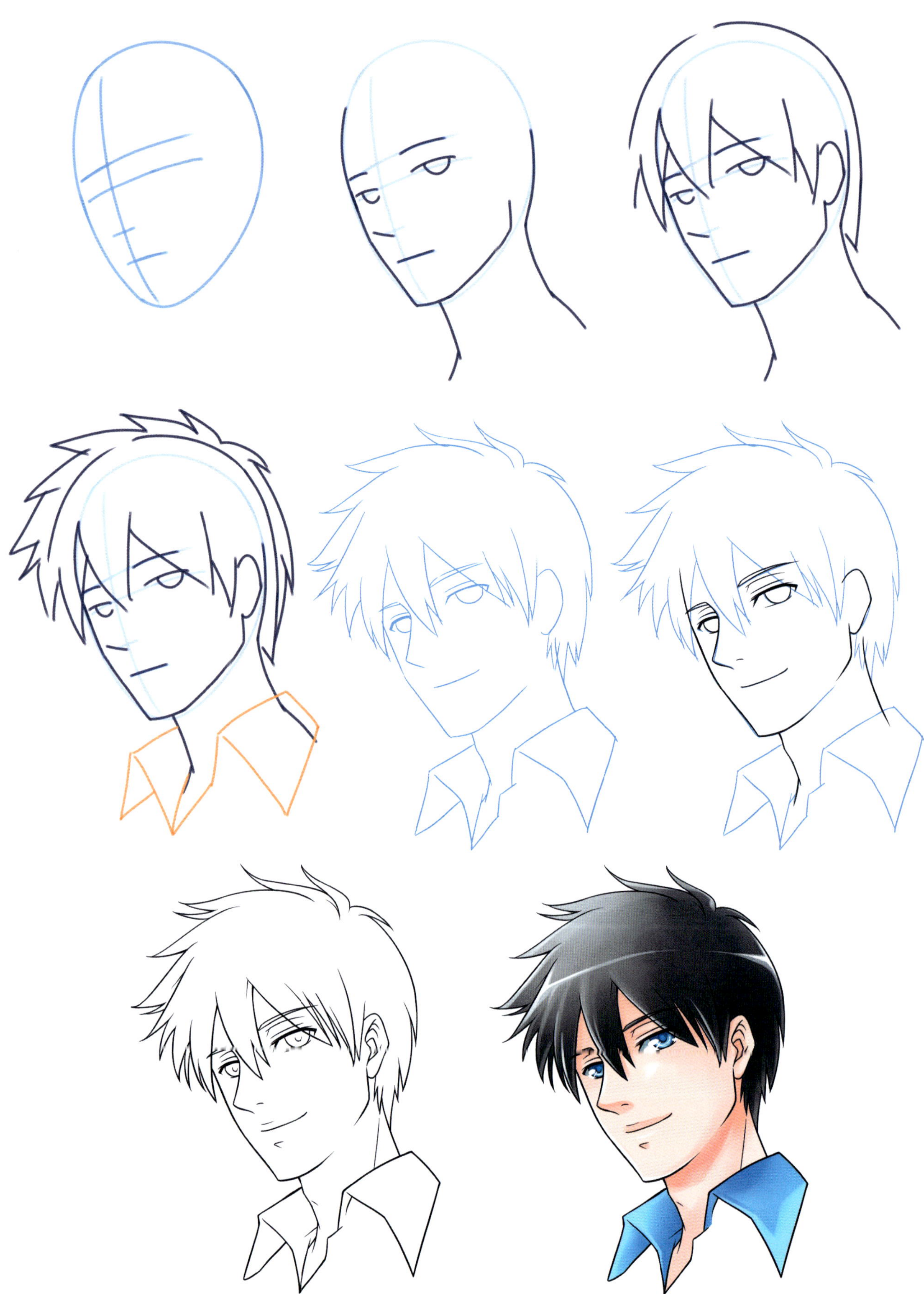

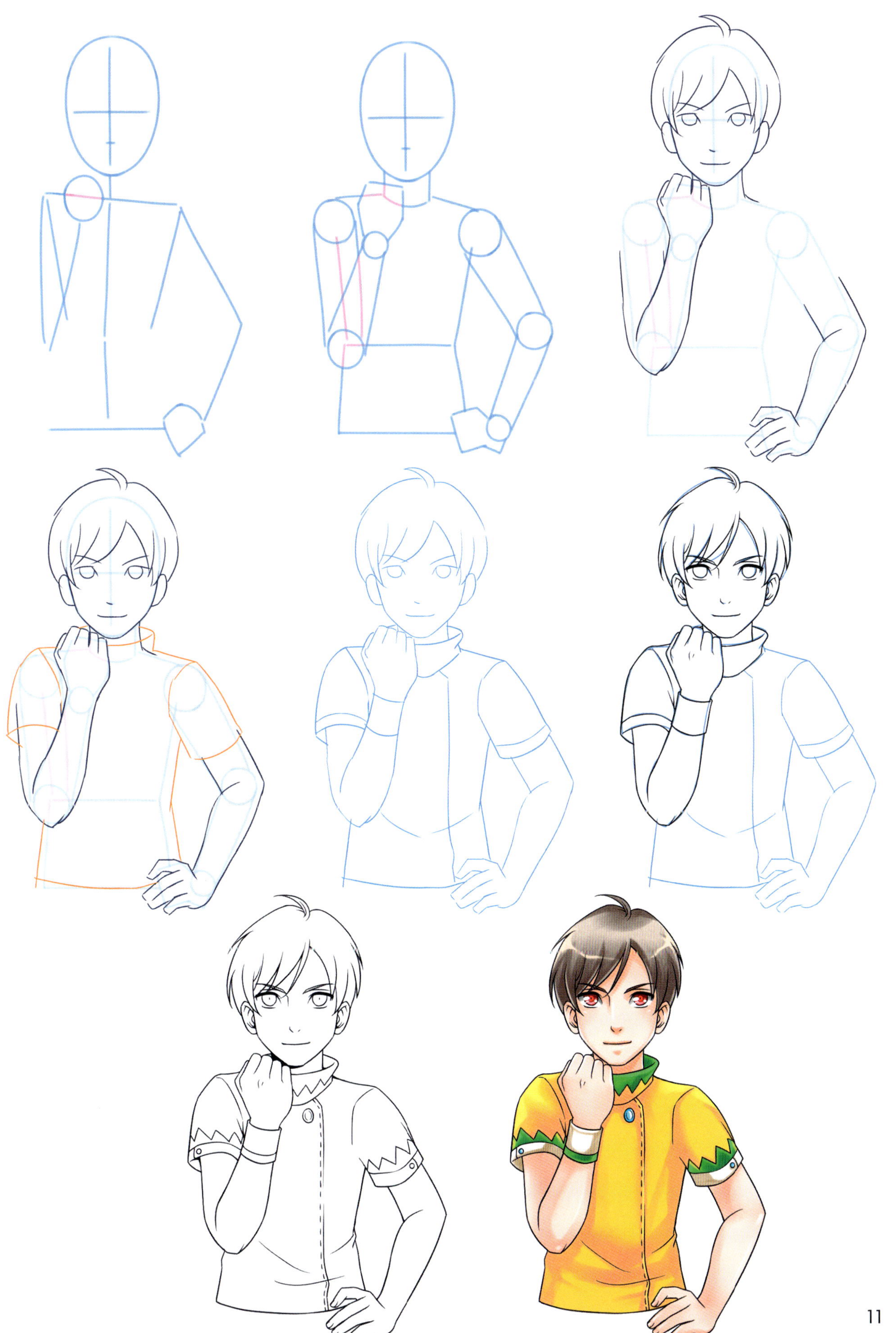

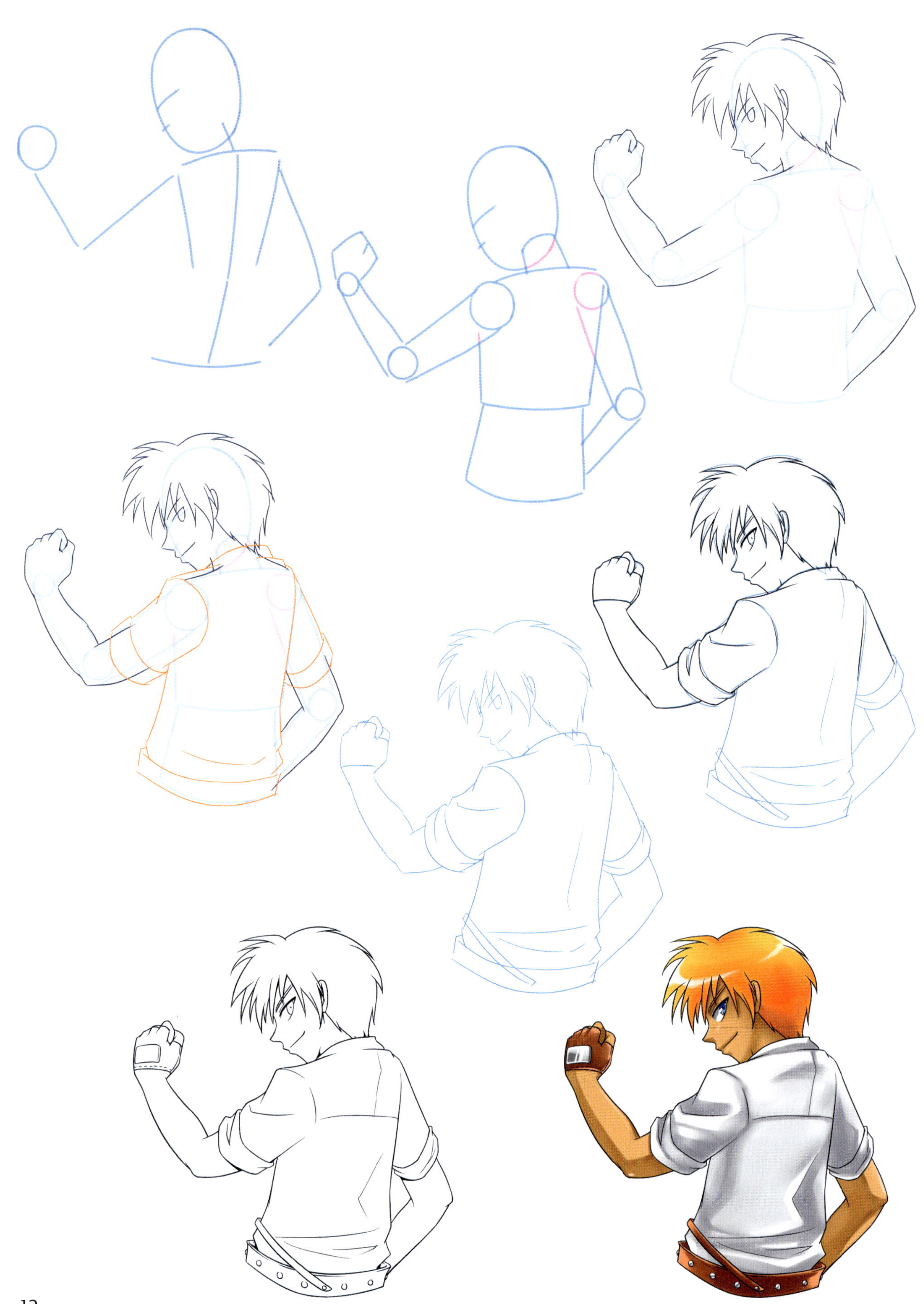

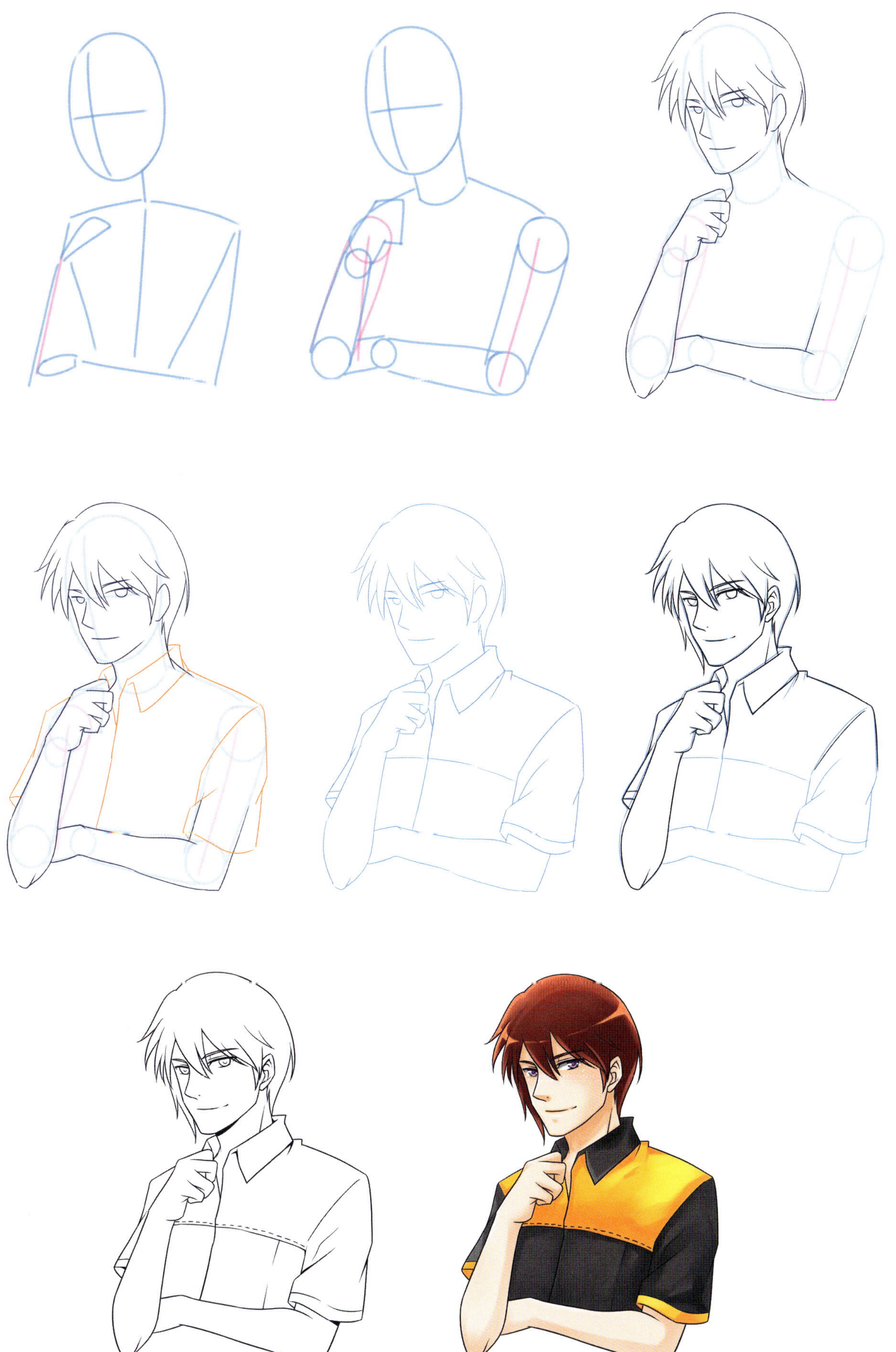

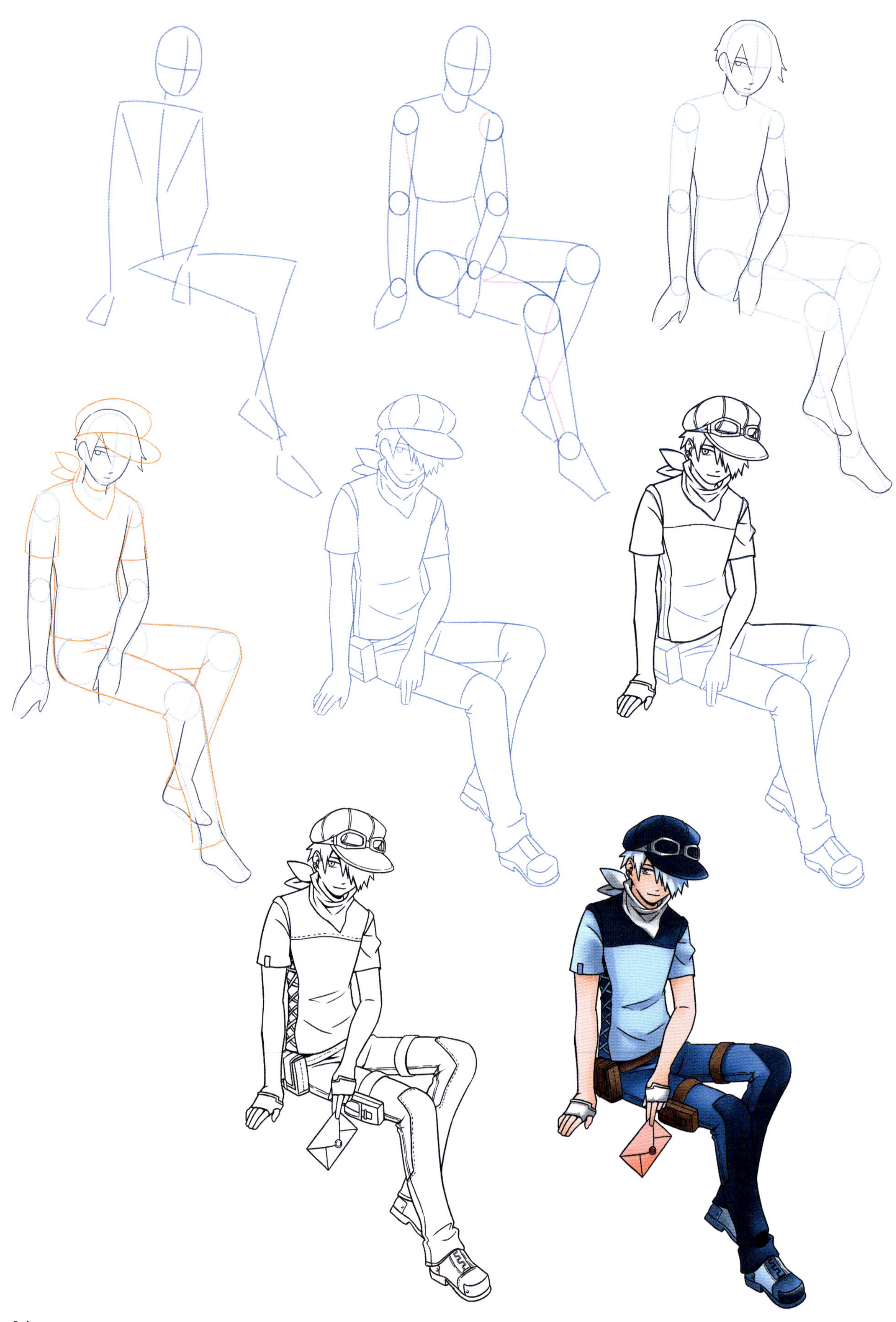

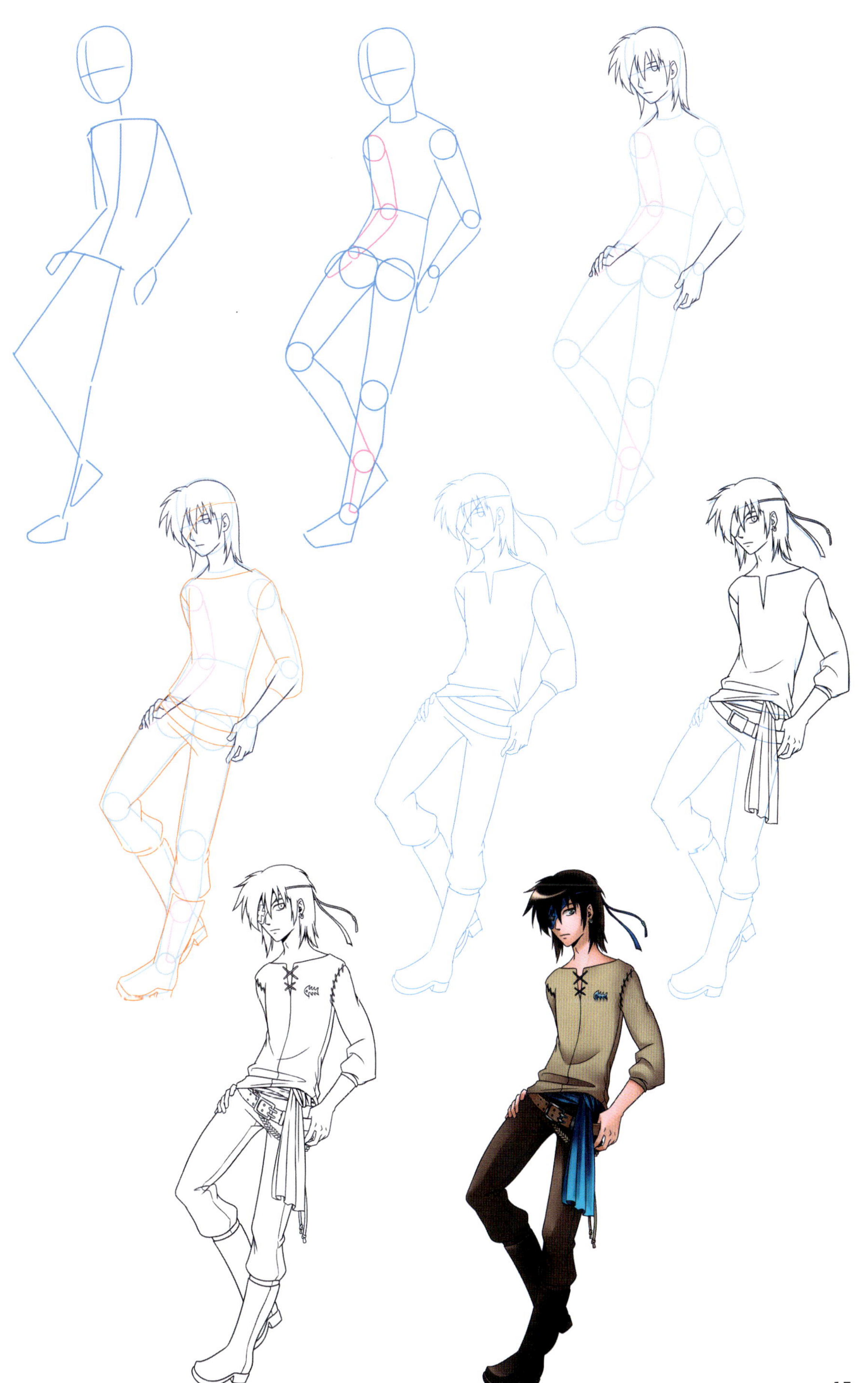

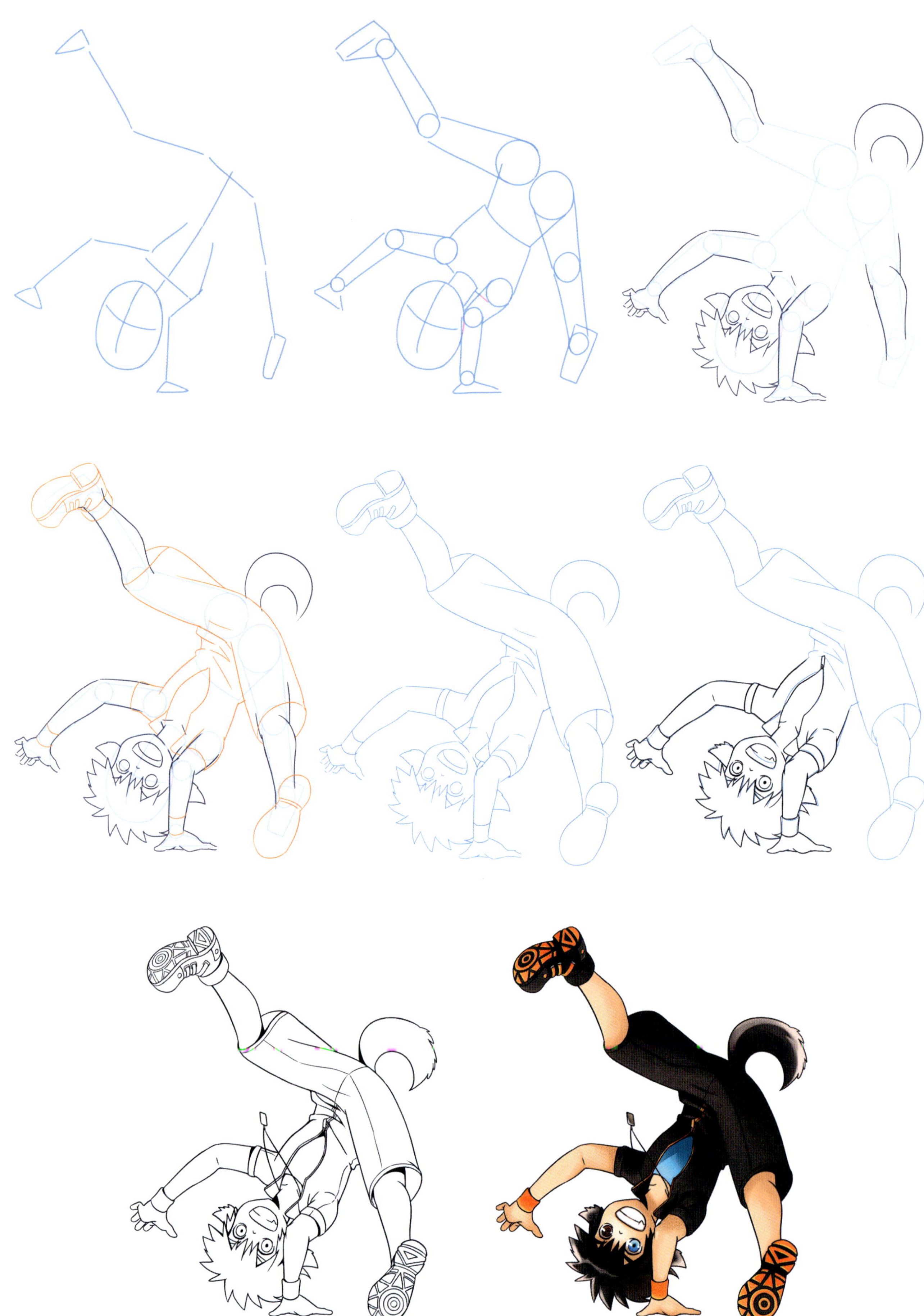

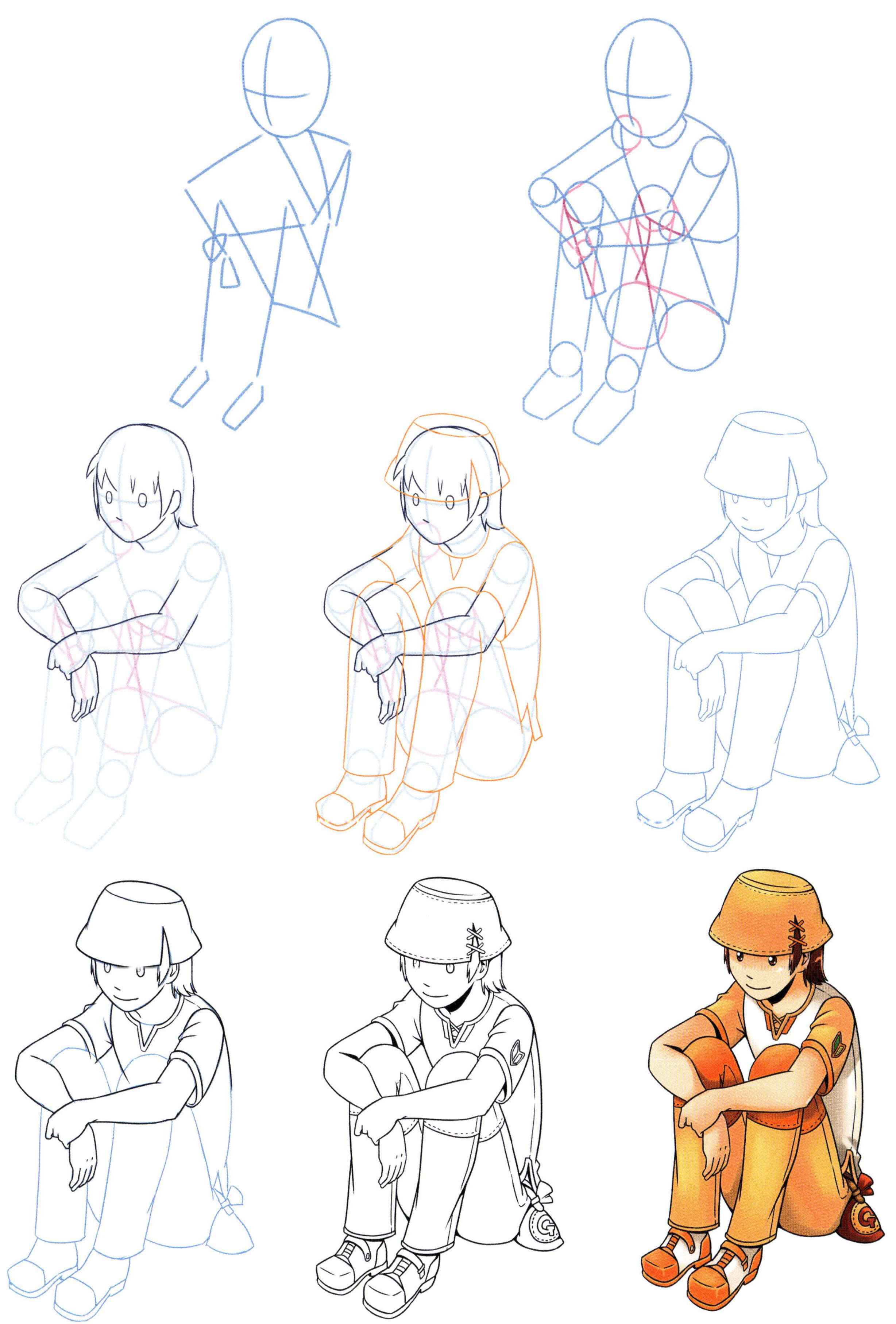

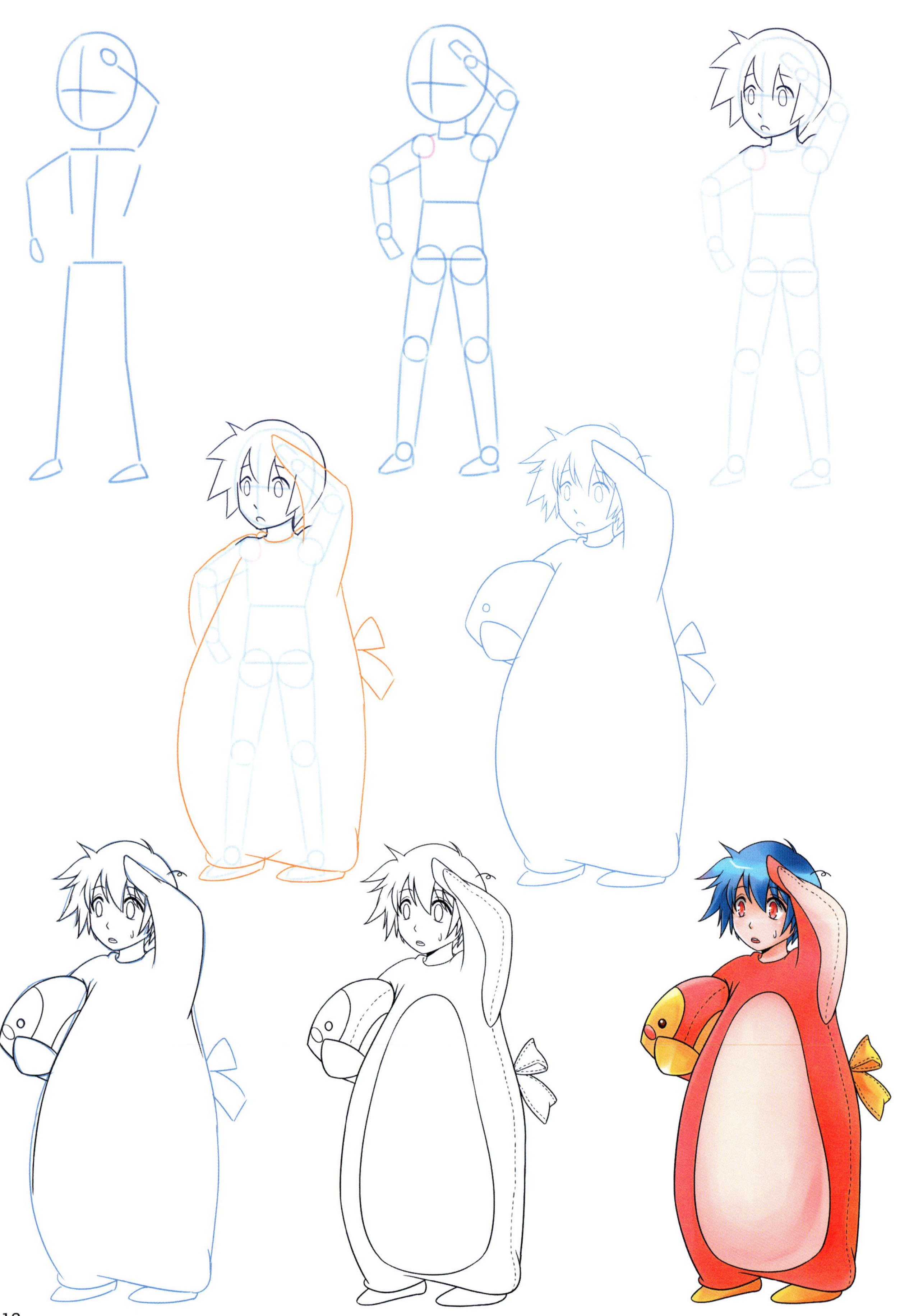

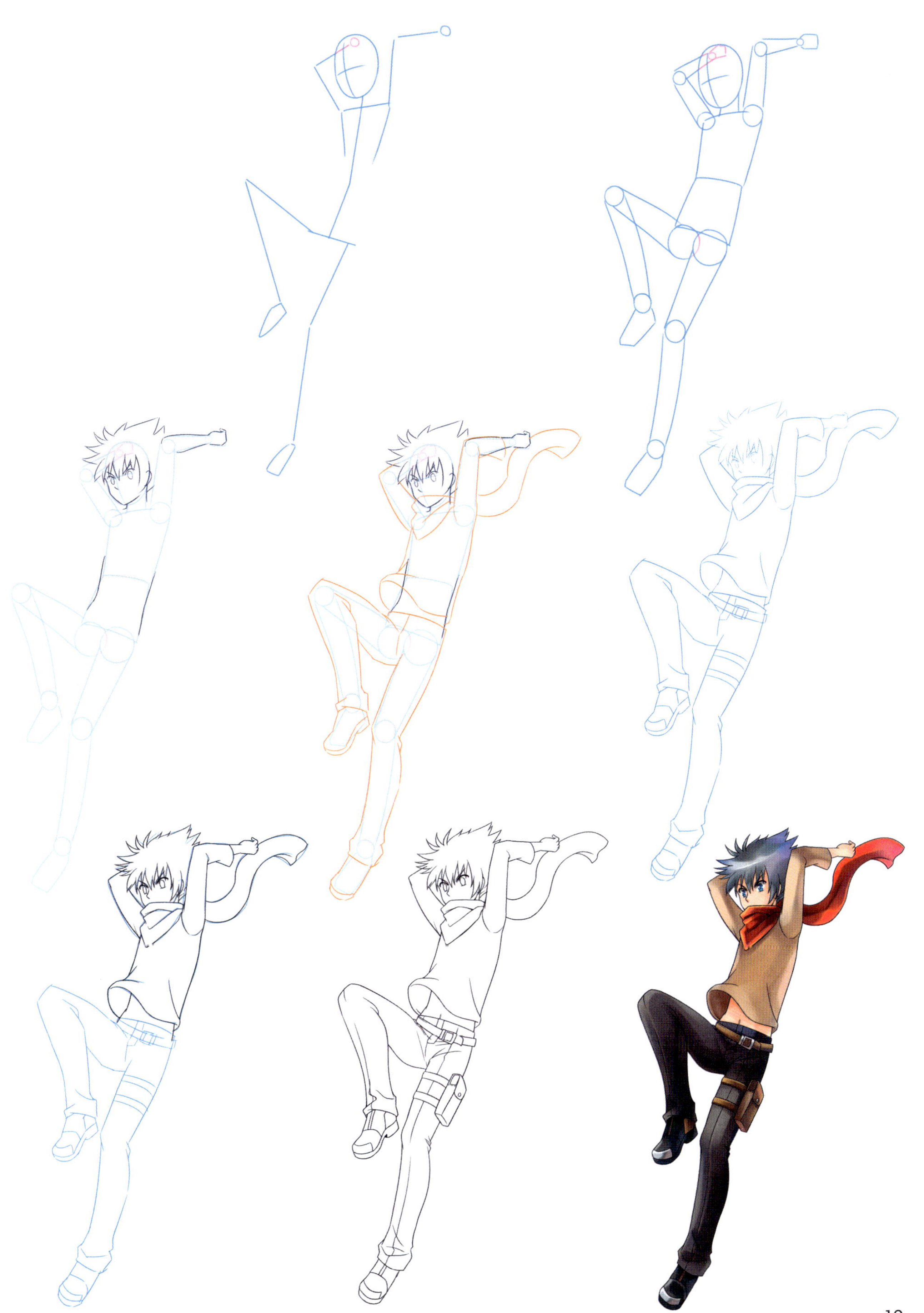

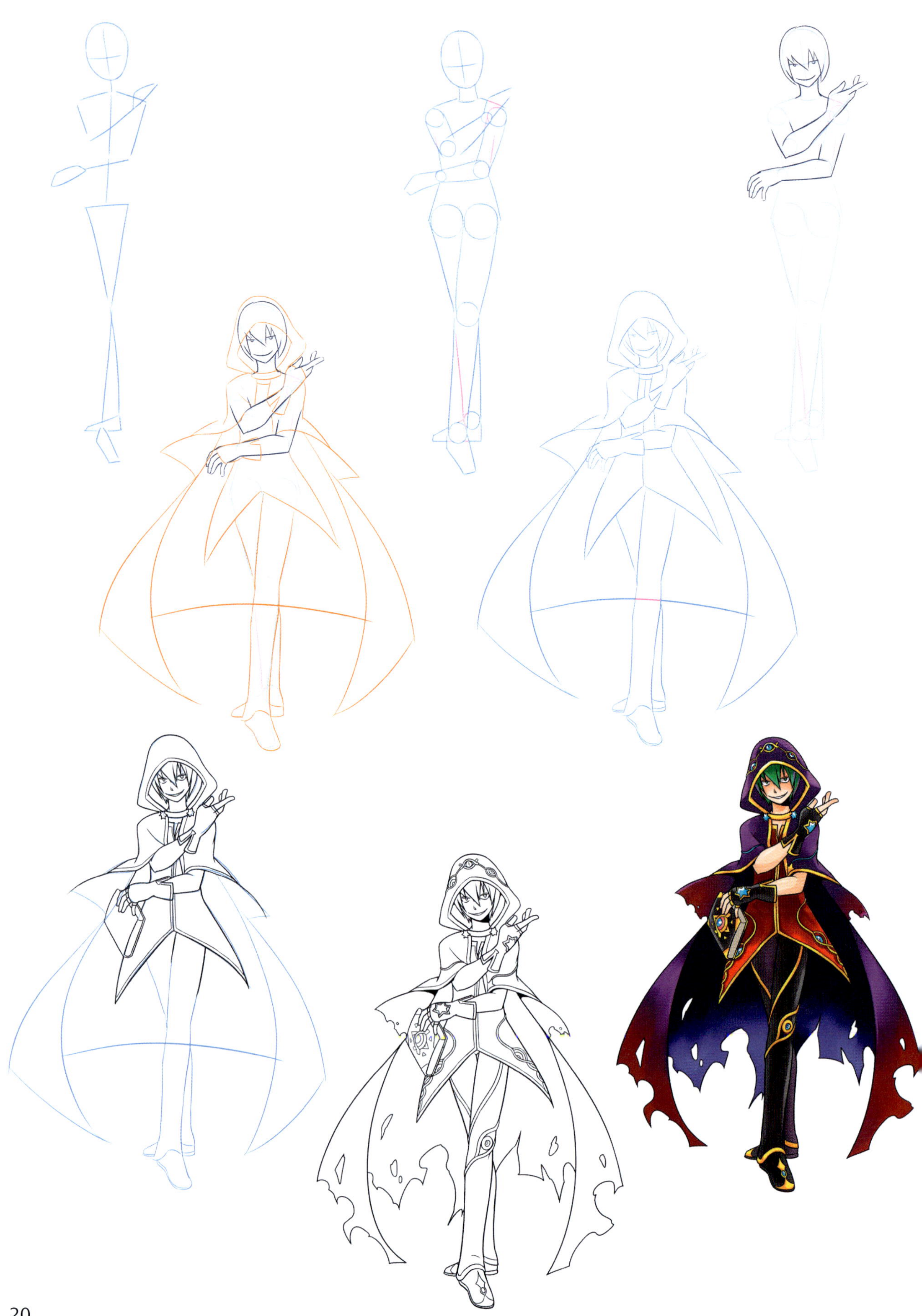

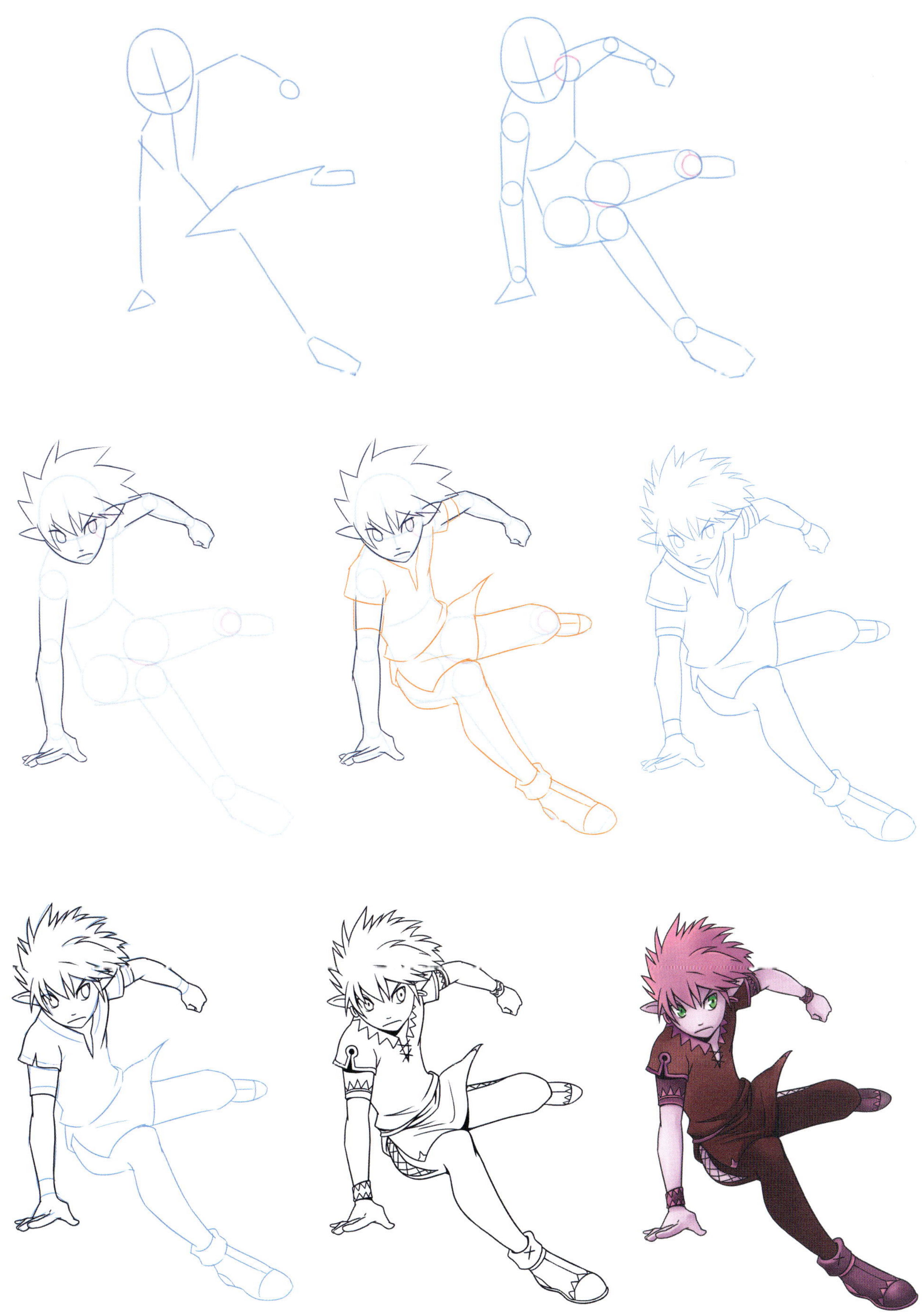

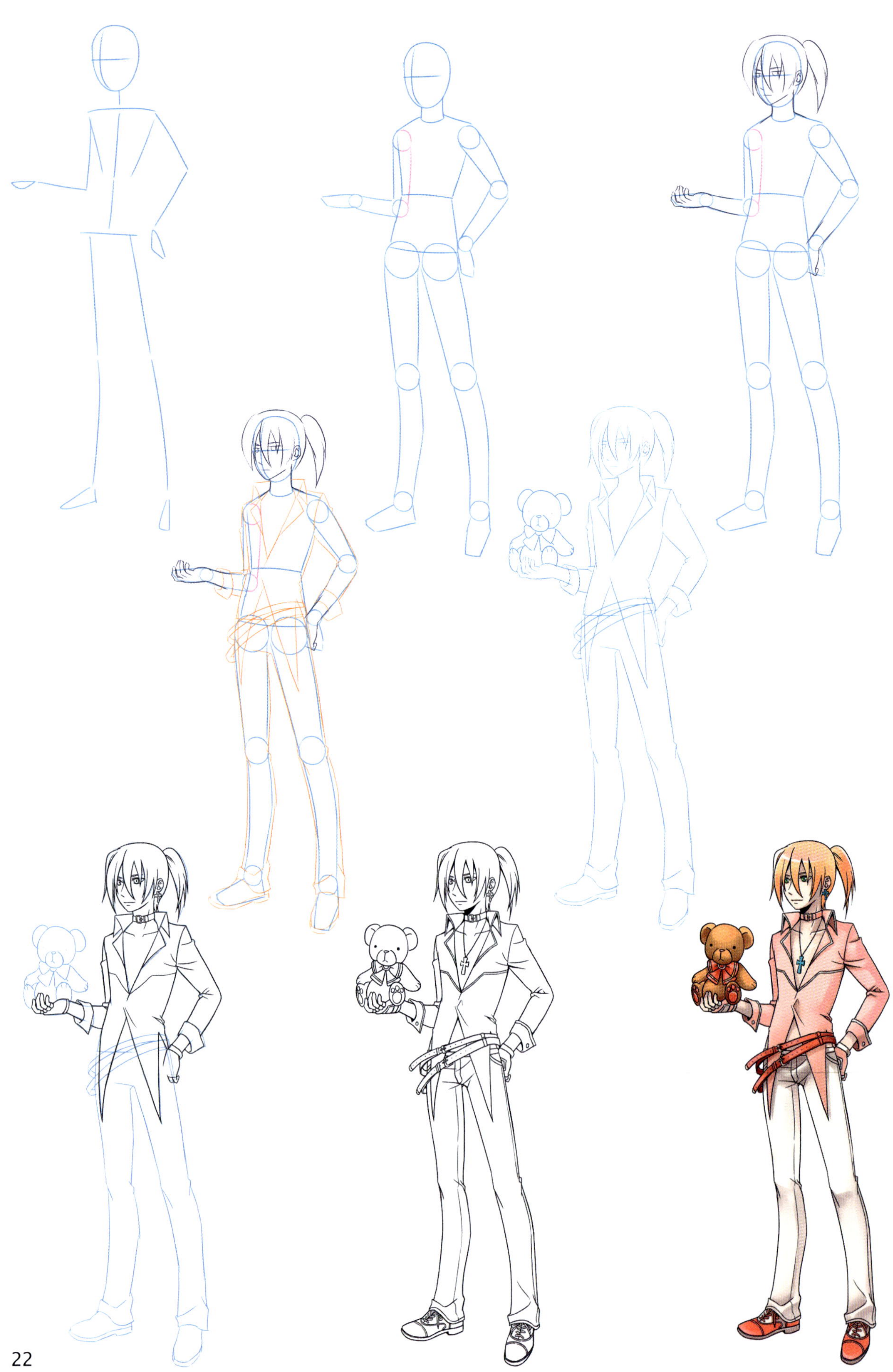

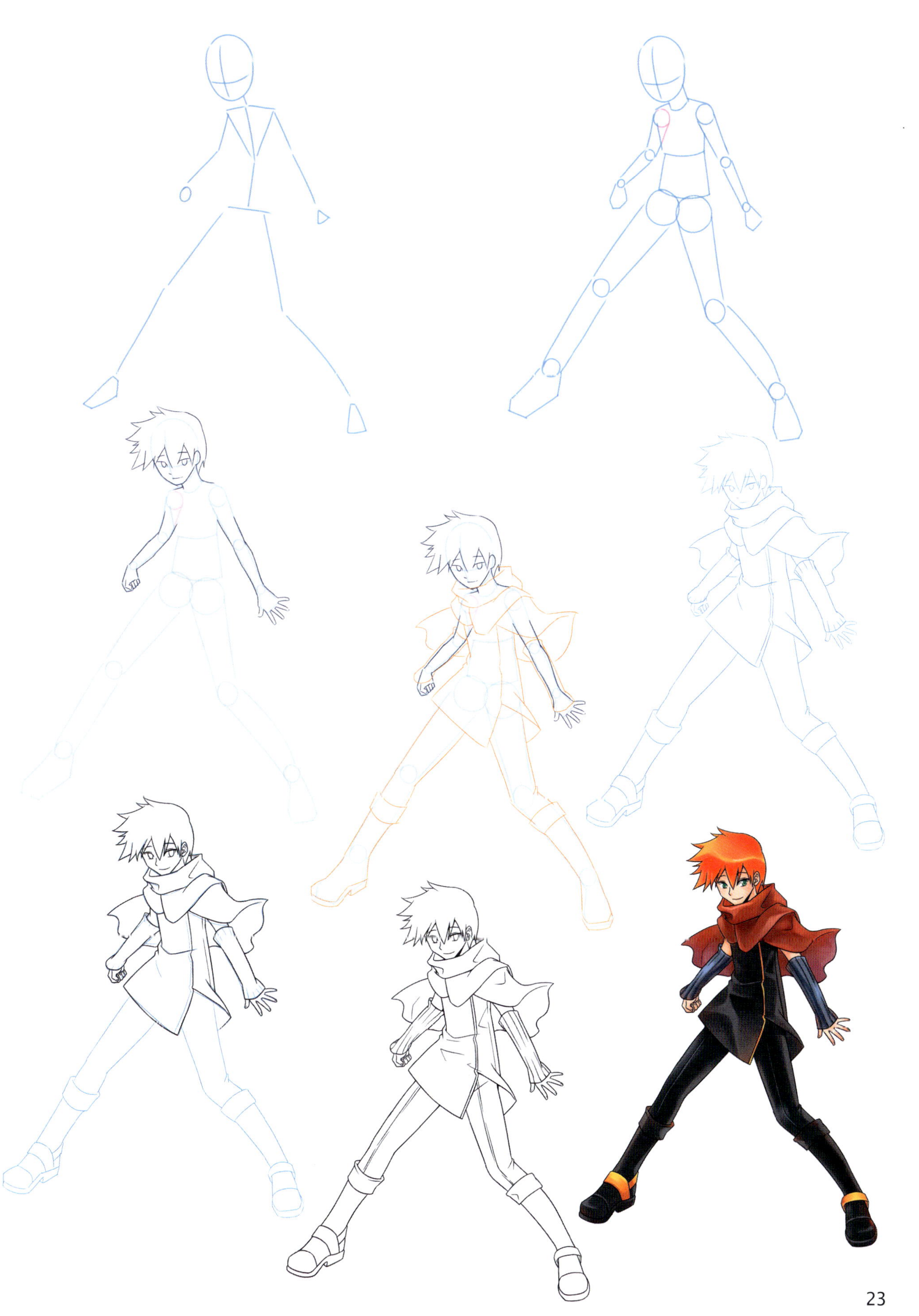

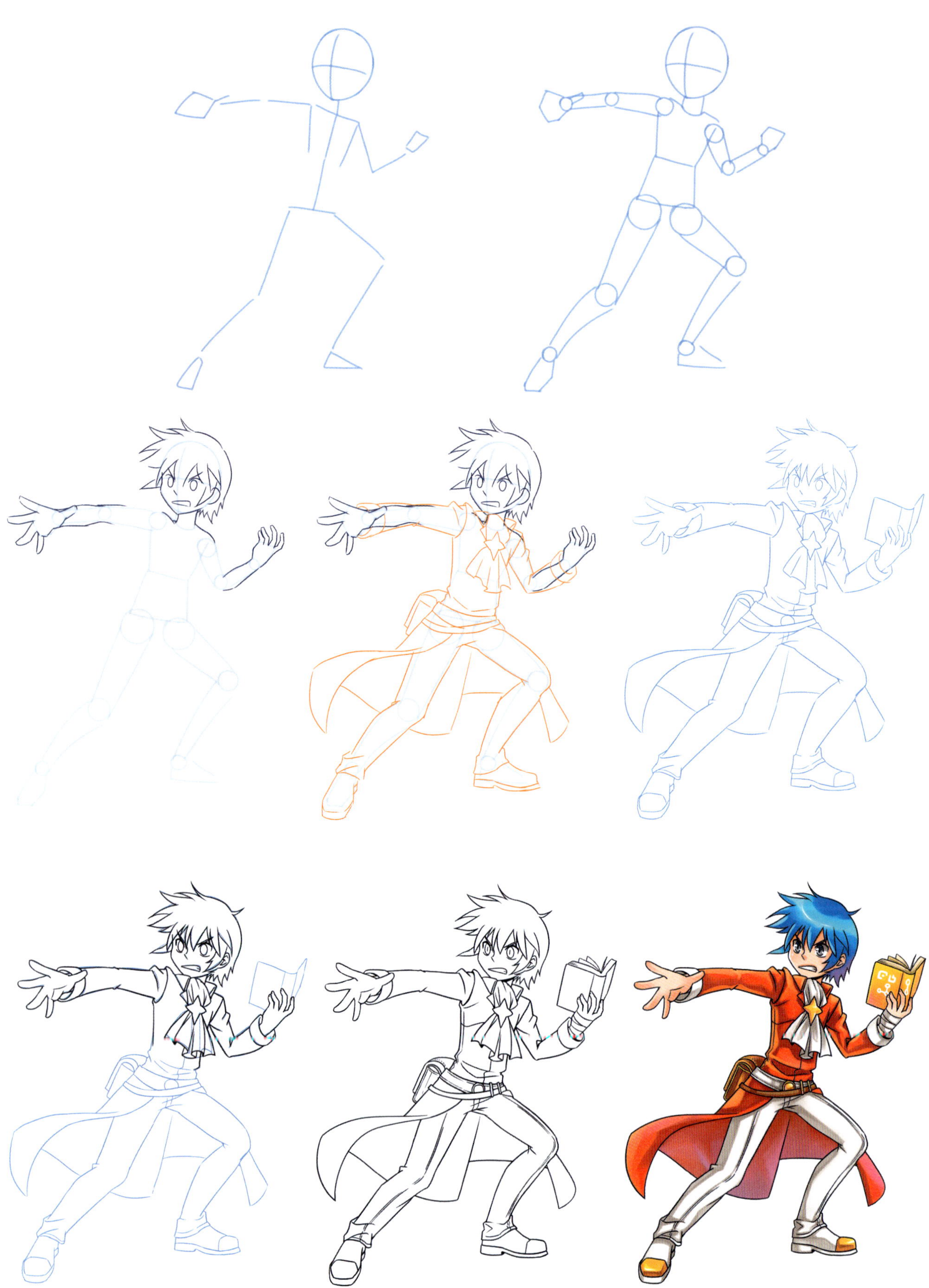

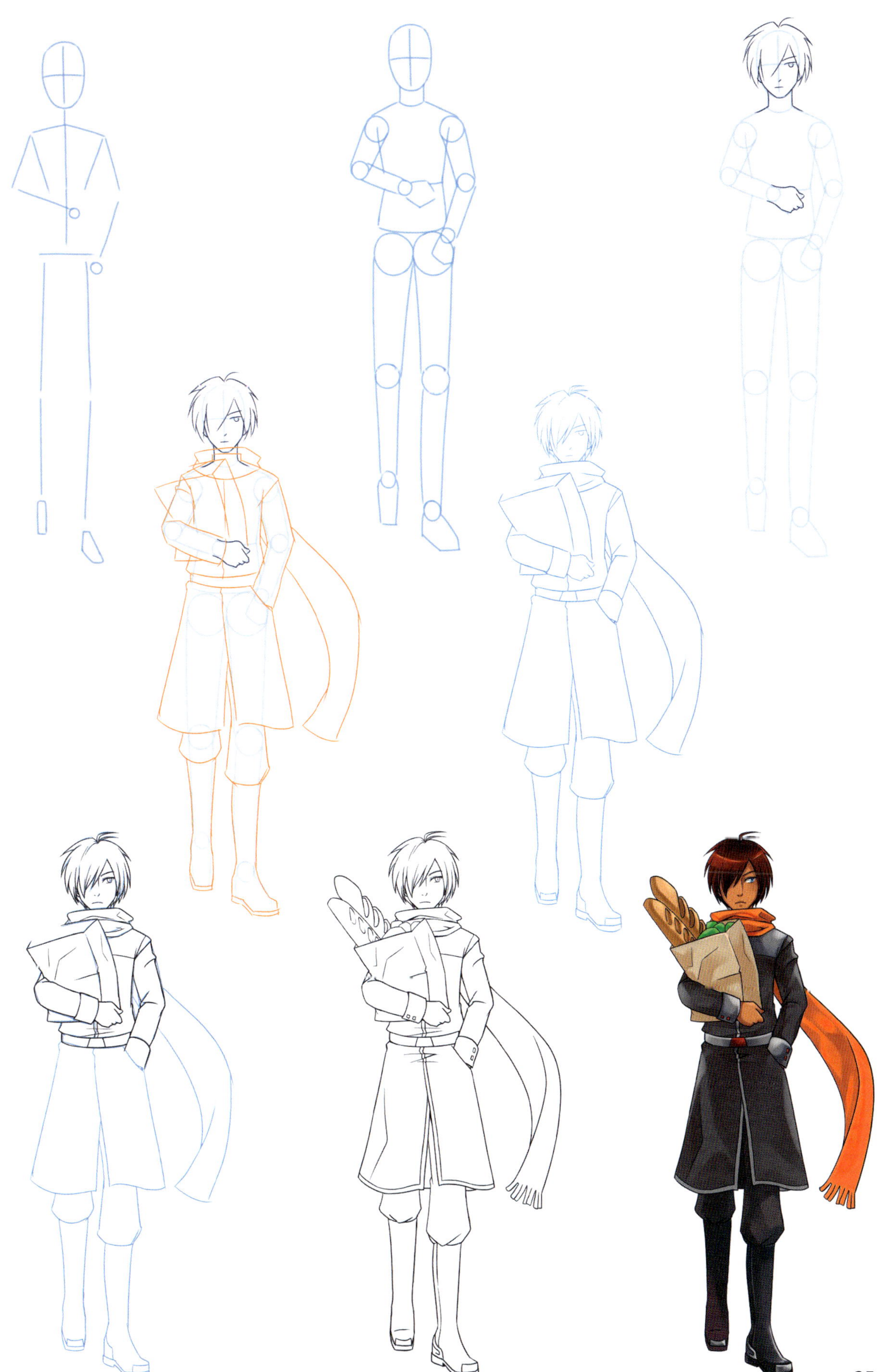

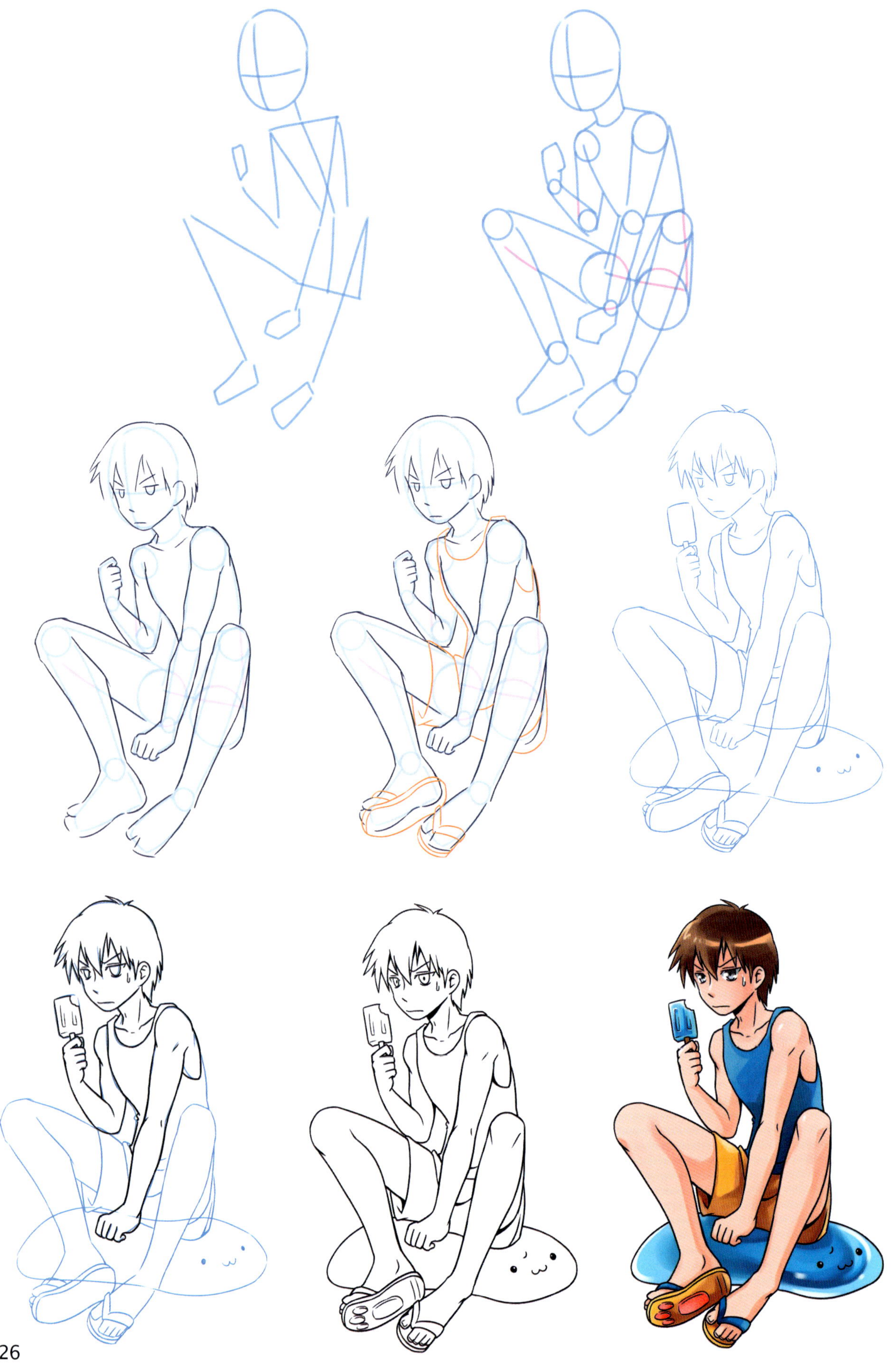

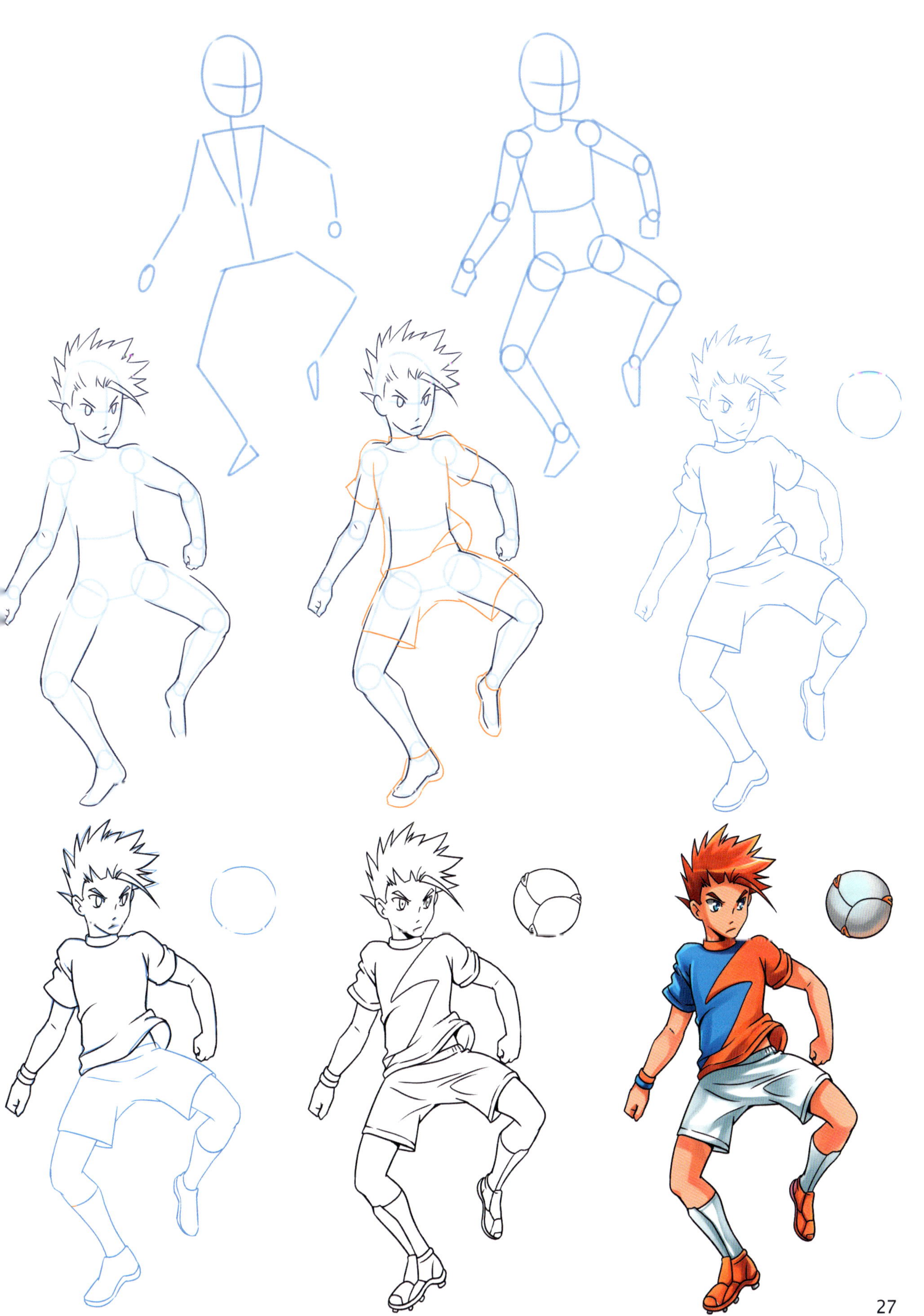

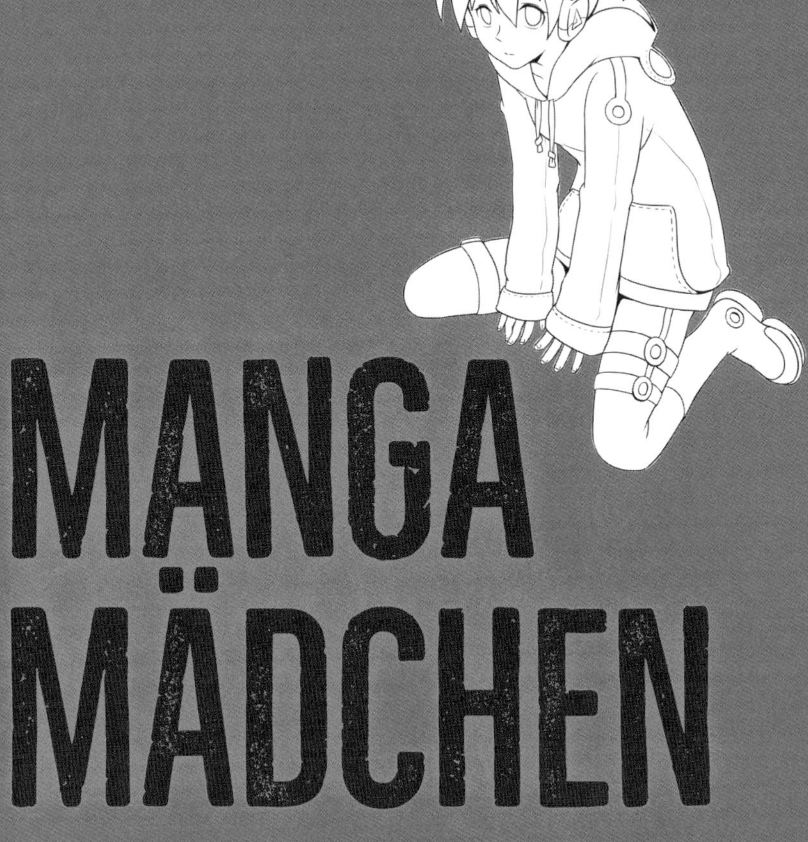

MANGA MÄDCHEN

Werfen wir nun einen Blick auf die Manga Mädchen! Hier lernst du, normale aber auch ungewöhnliche Mädchen im Manga-Stil zu zeichnen, mit vielen verschiedenen Ausdrücken und Posen.

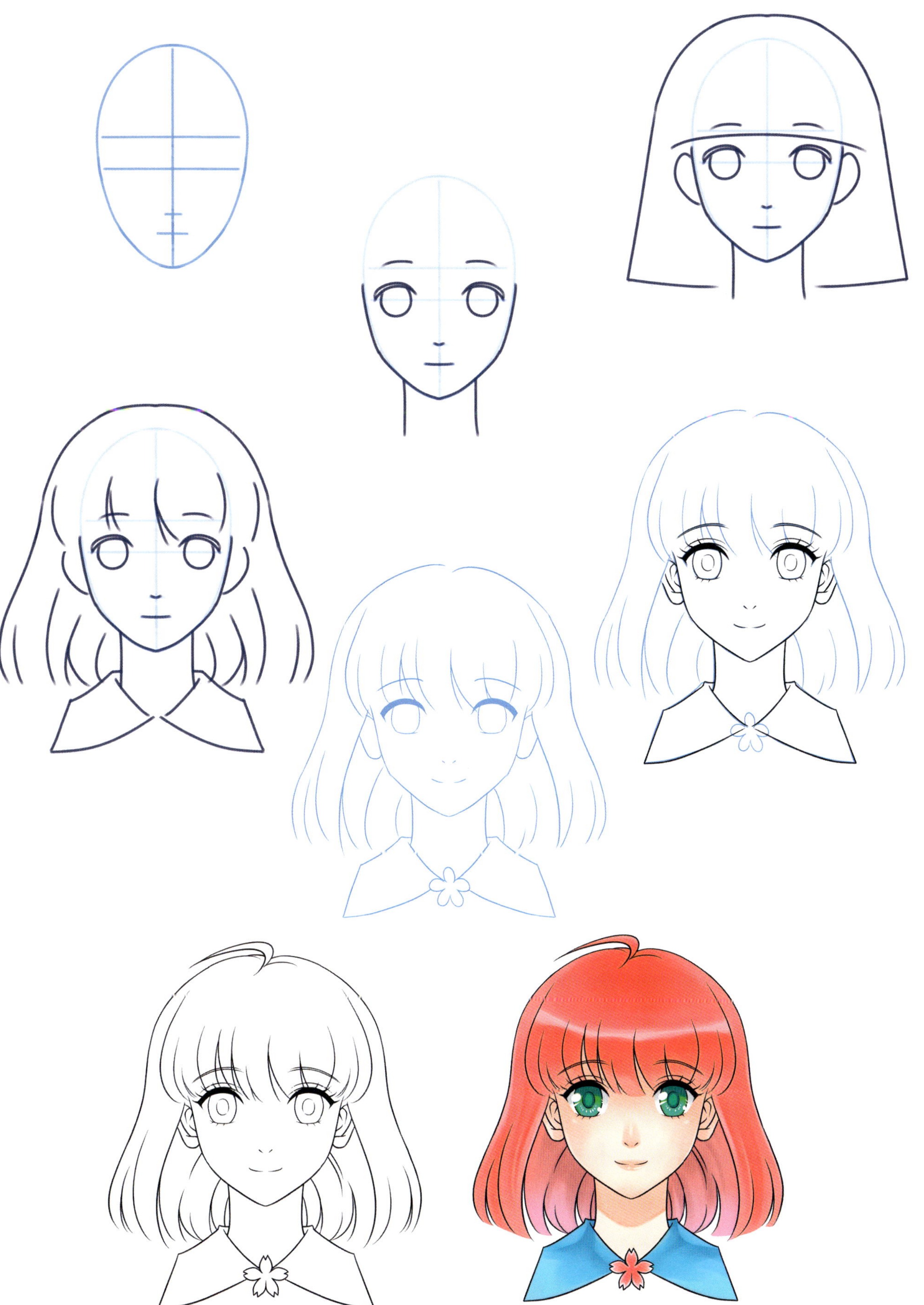

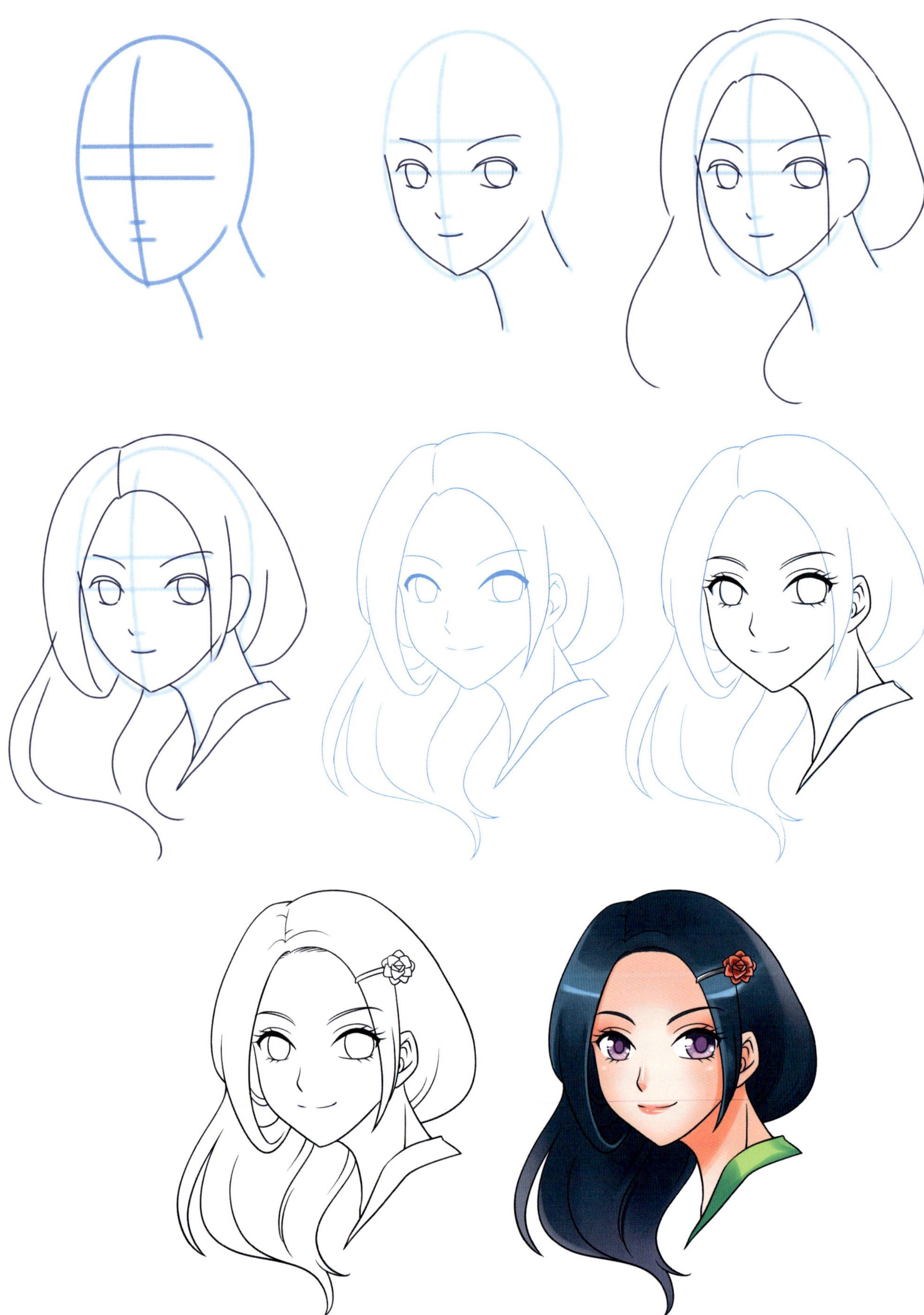

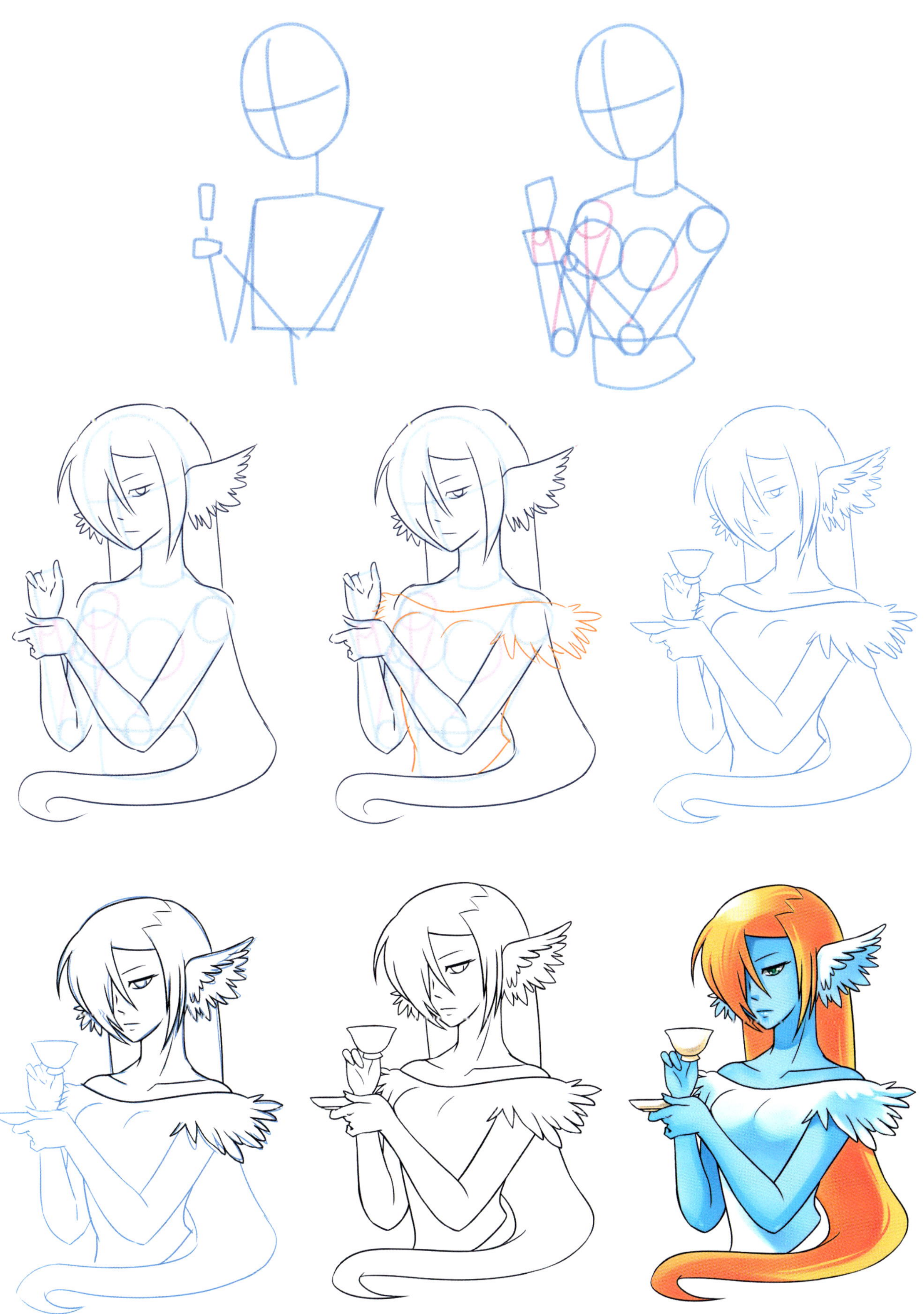

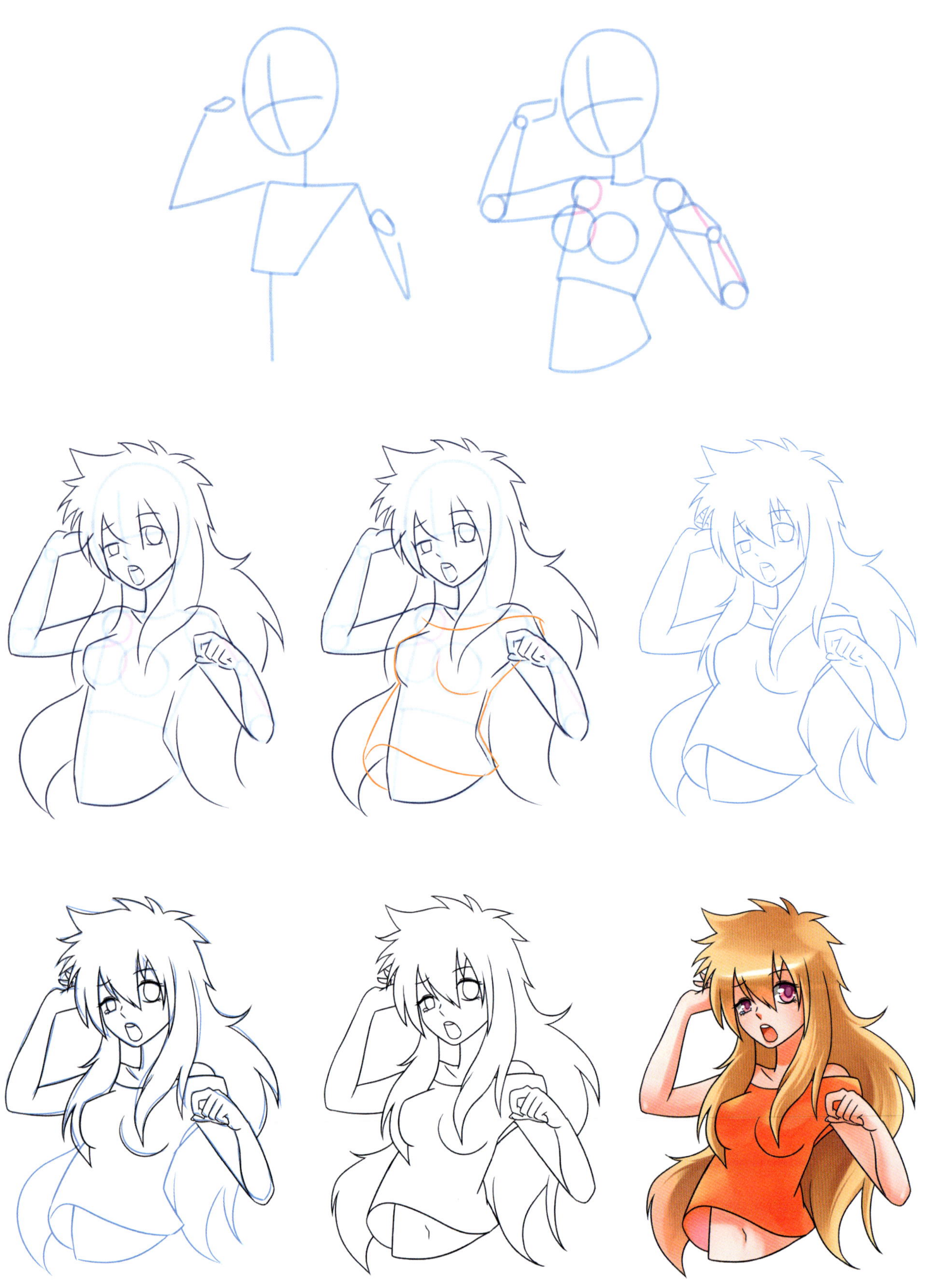

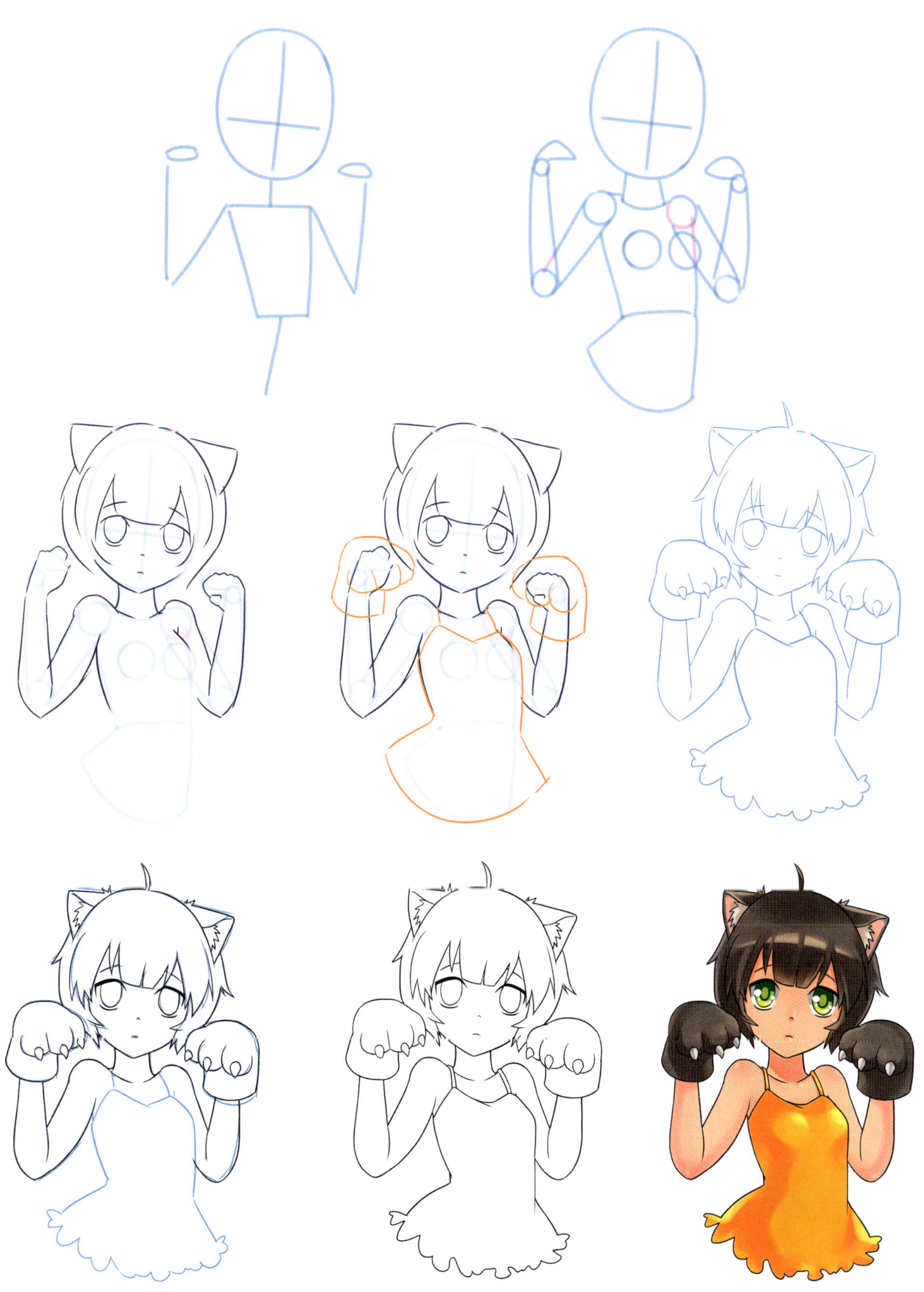

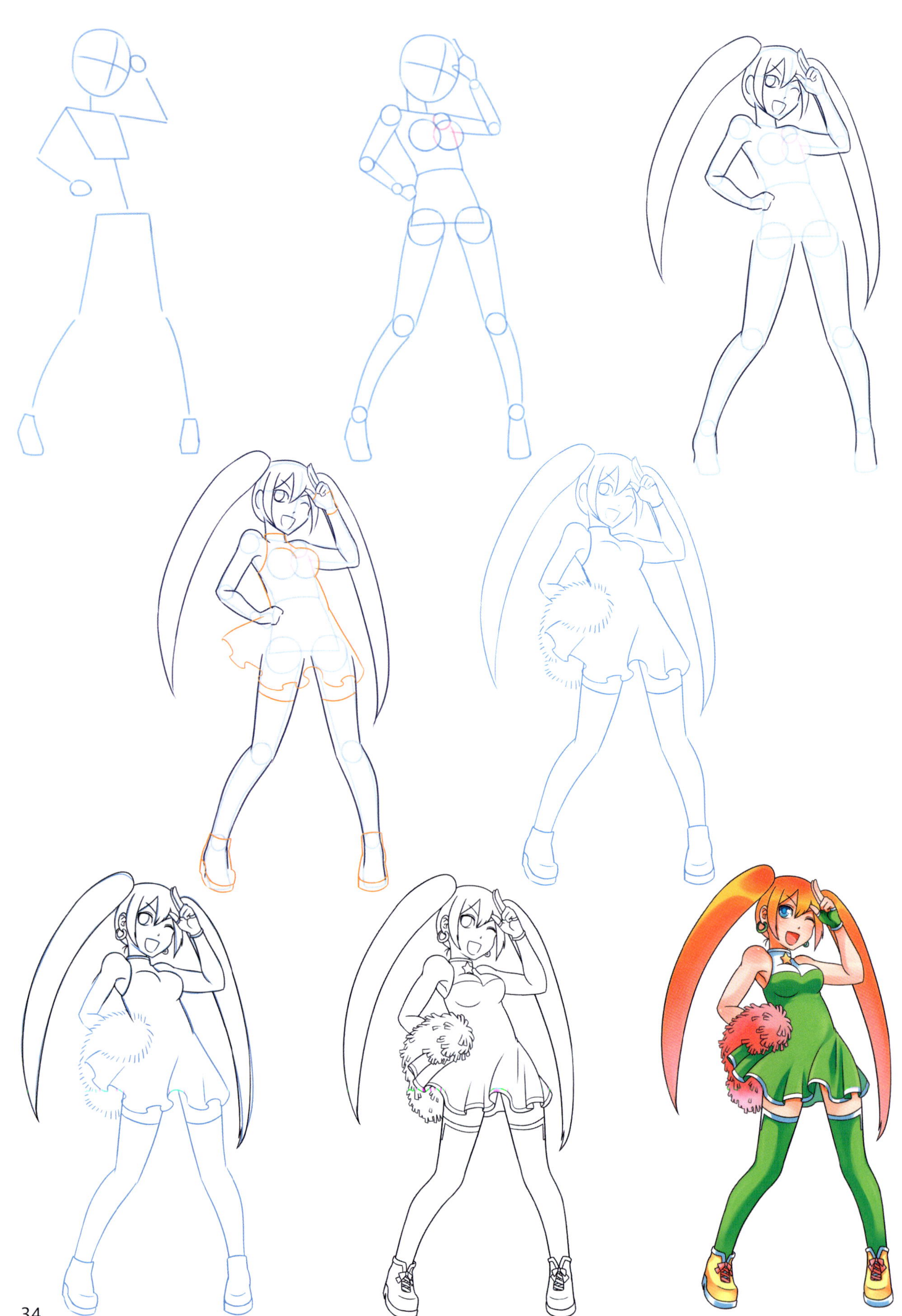

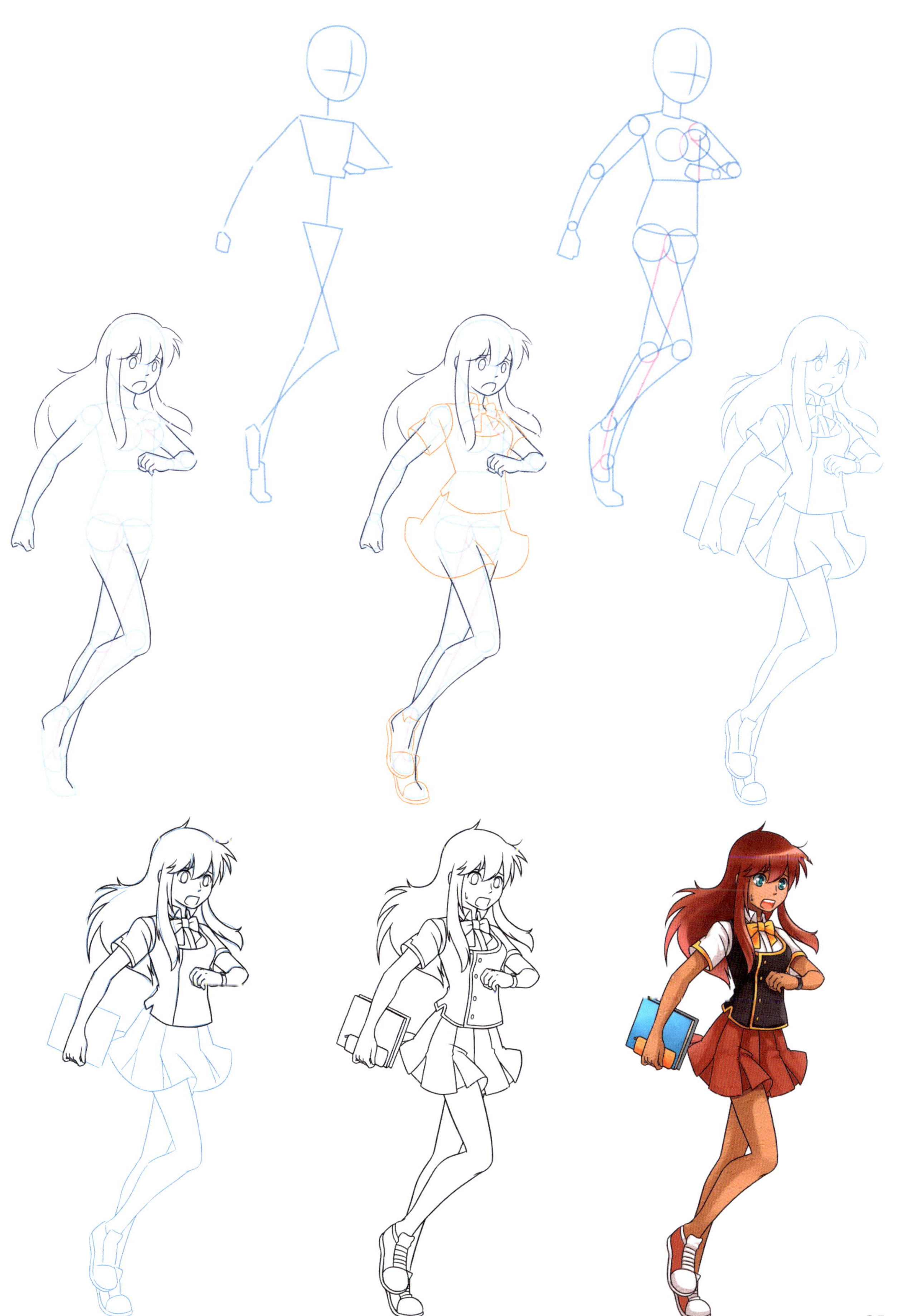

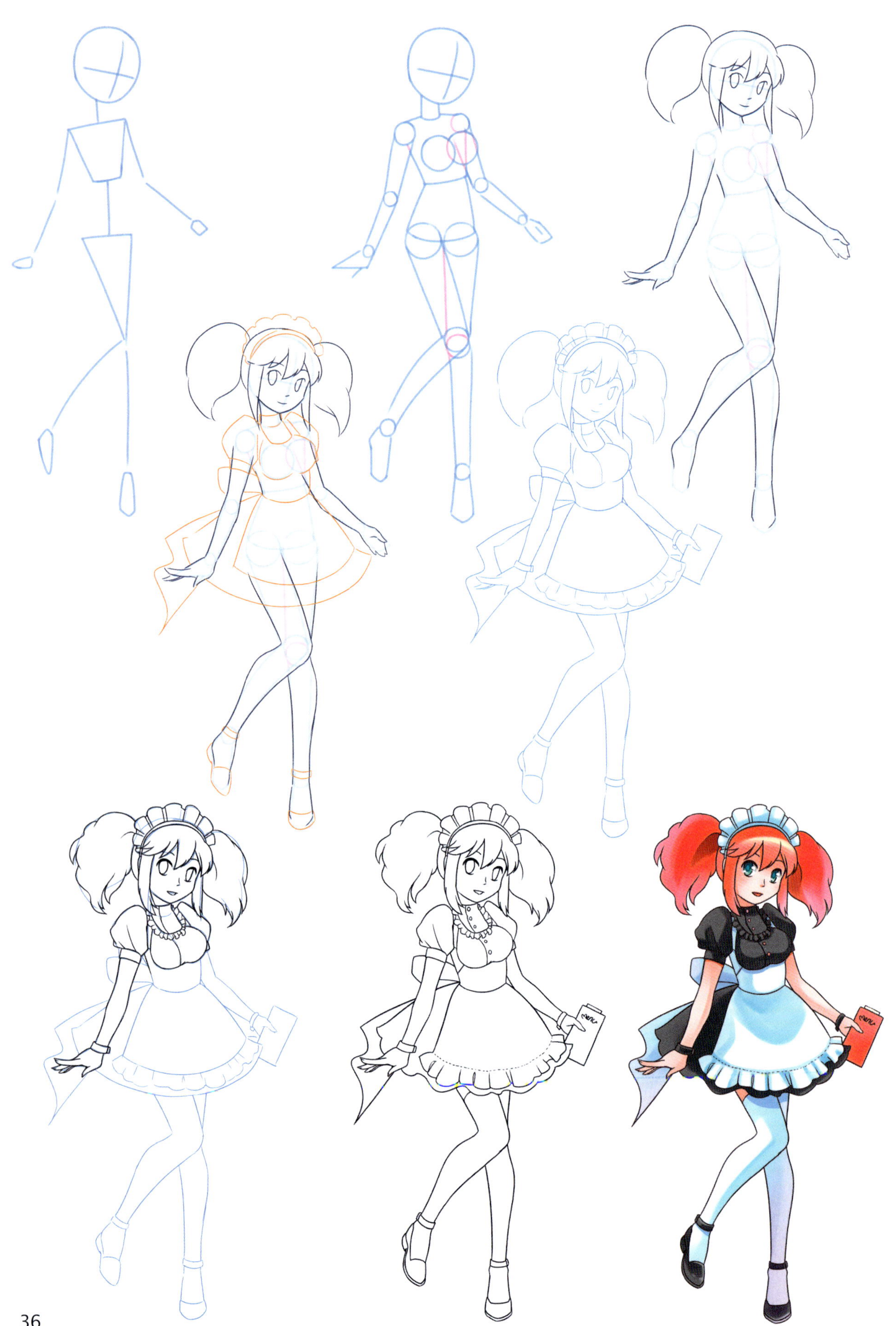

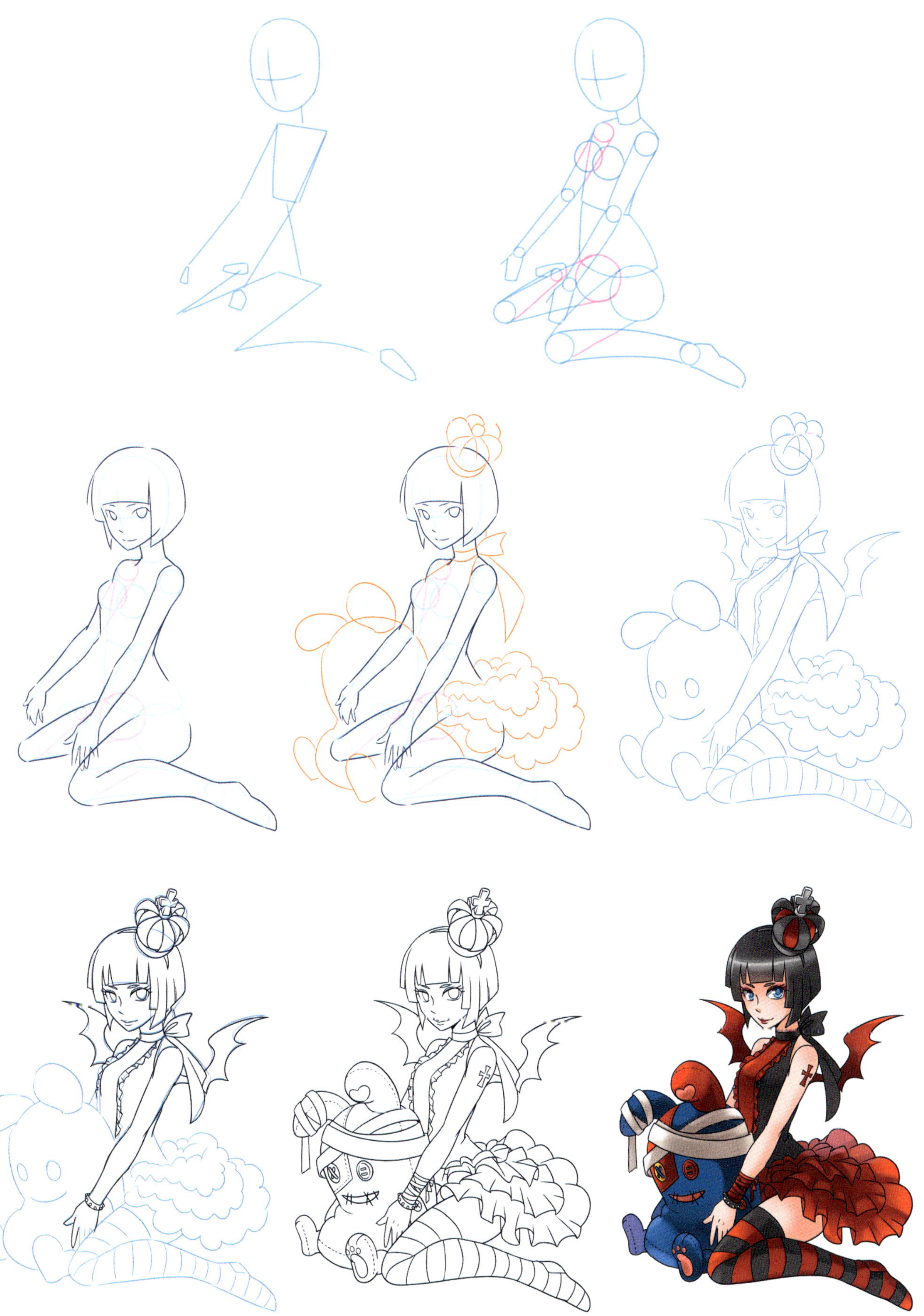

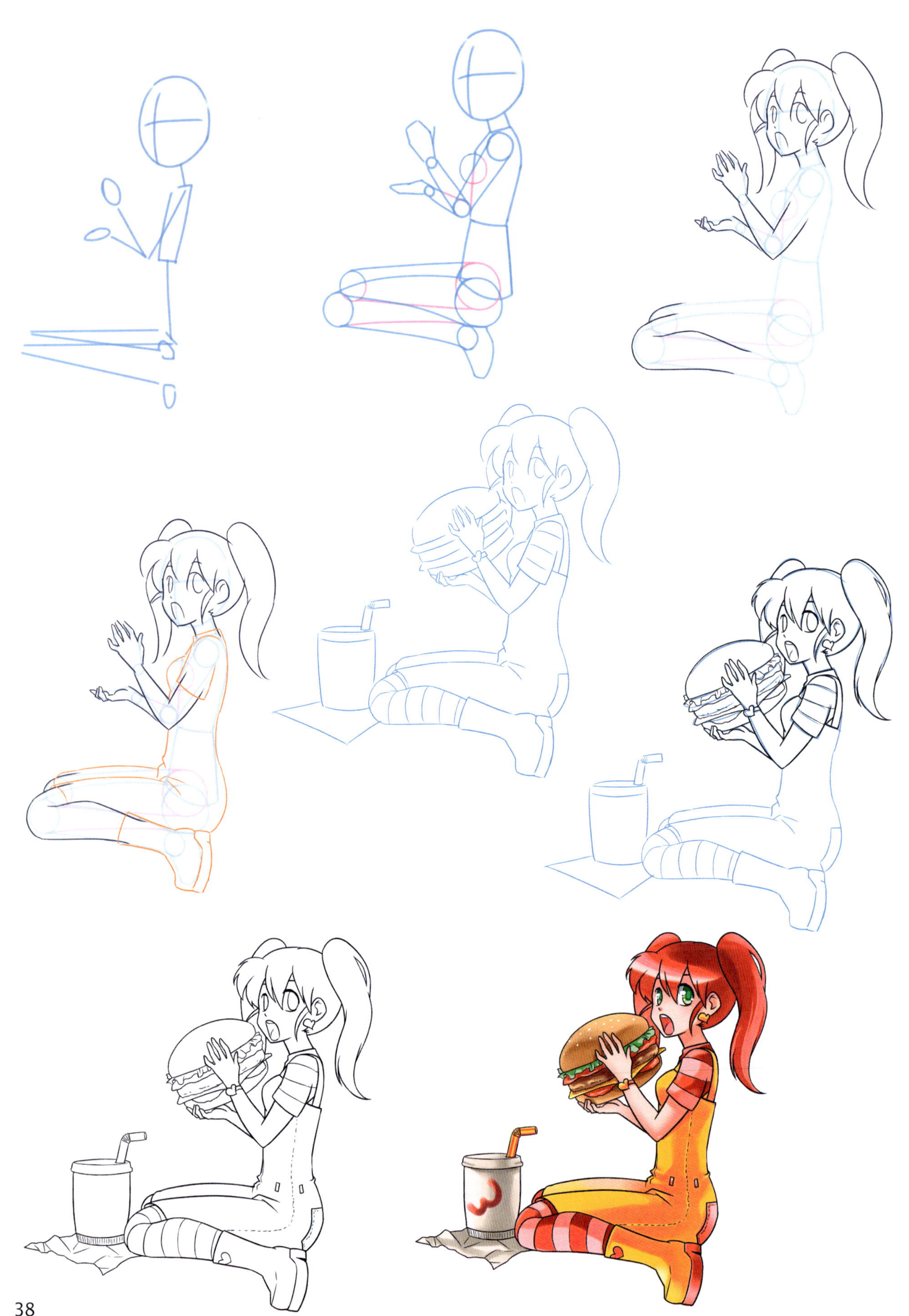

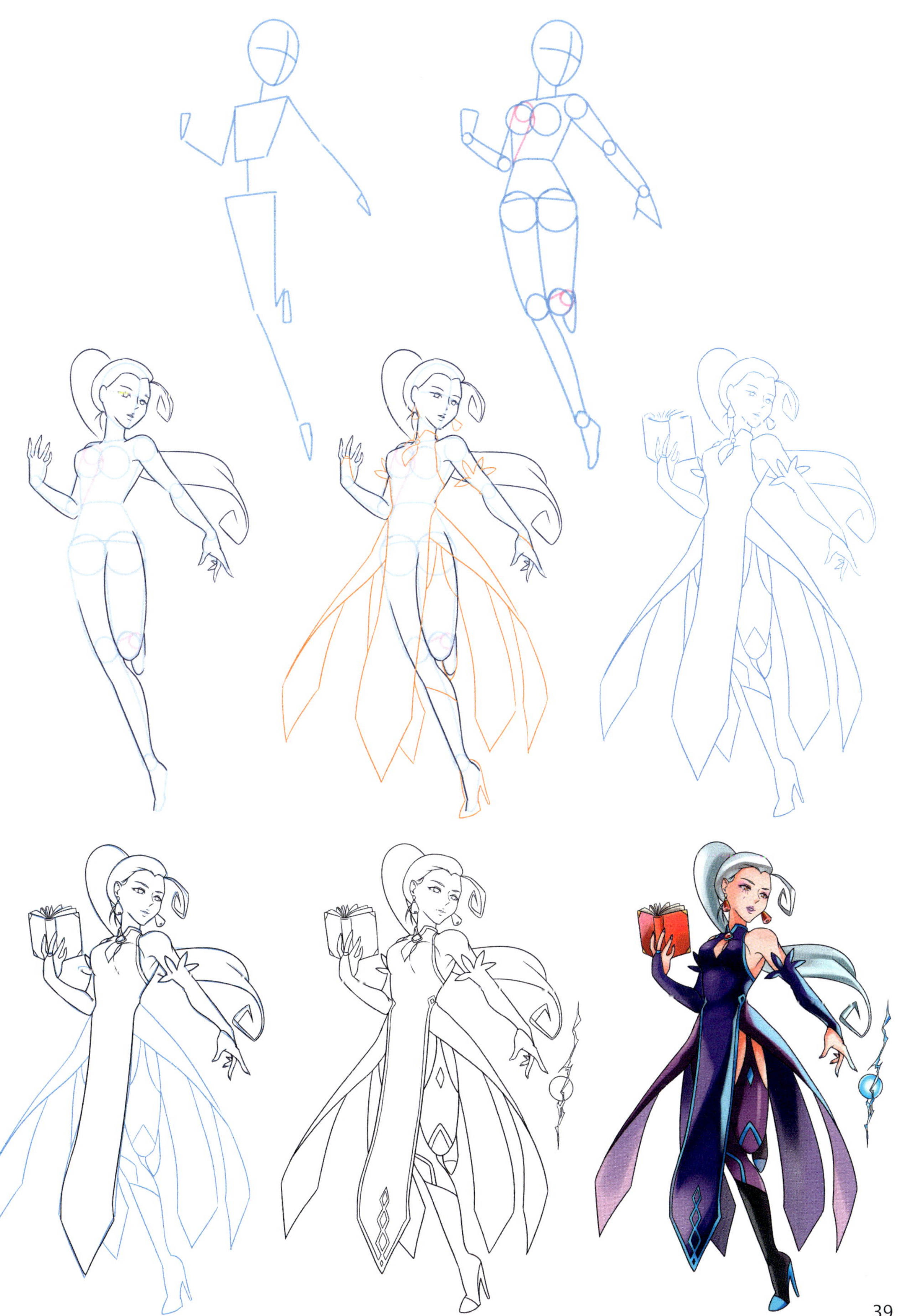

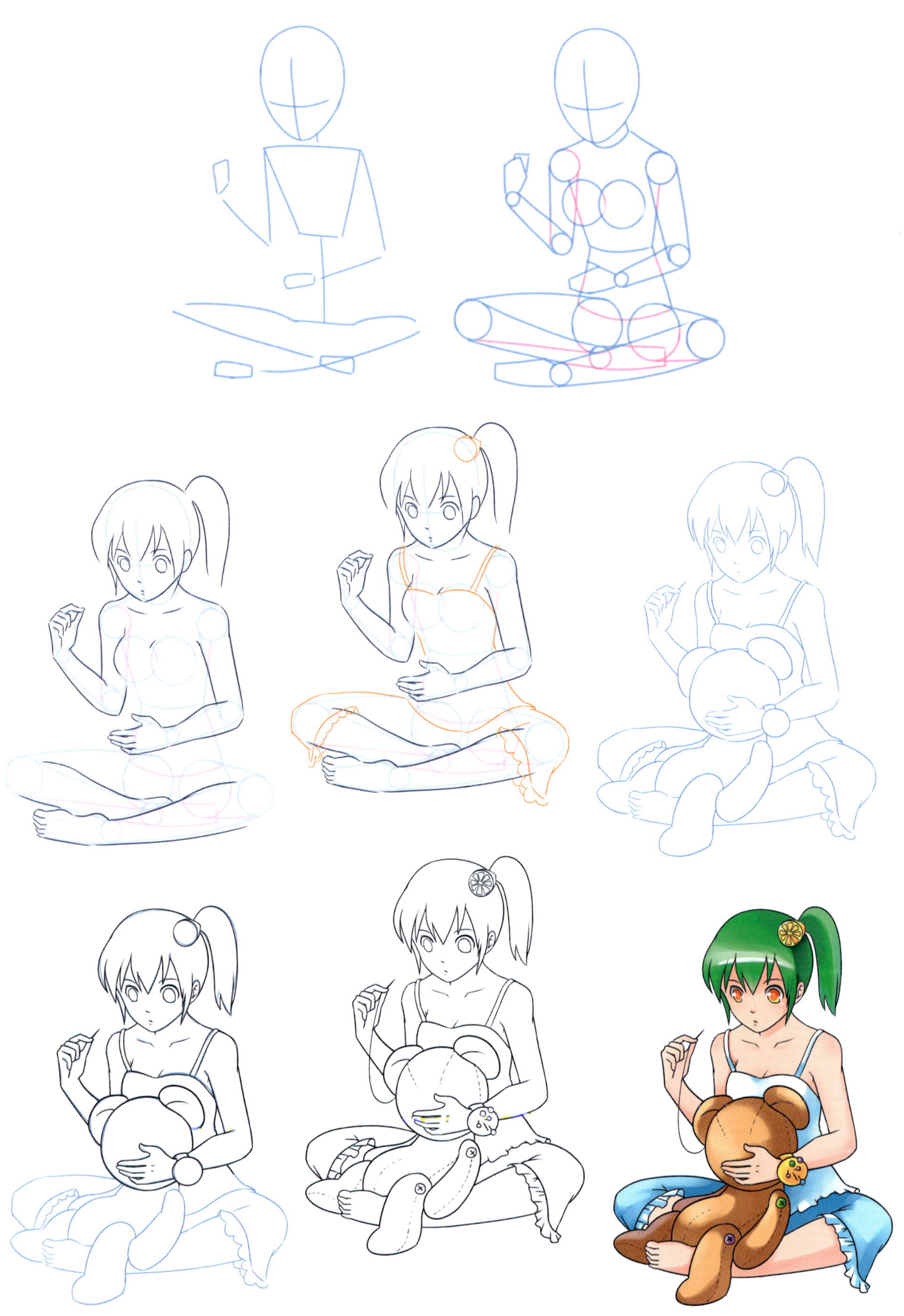

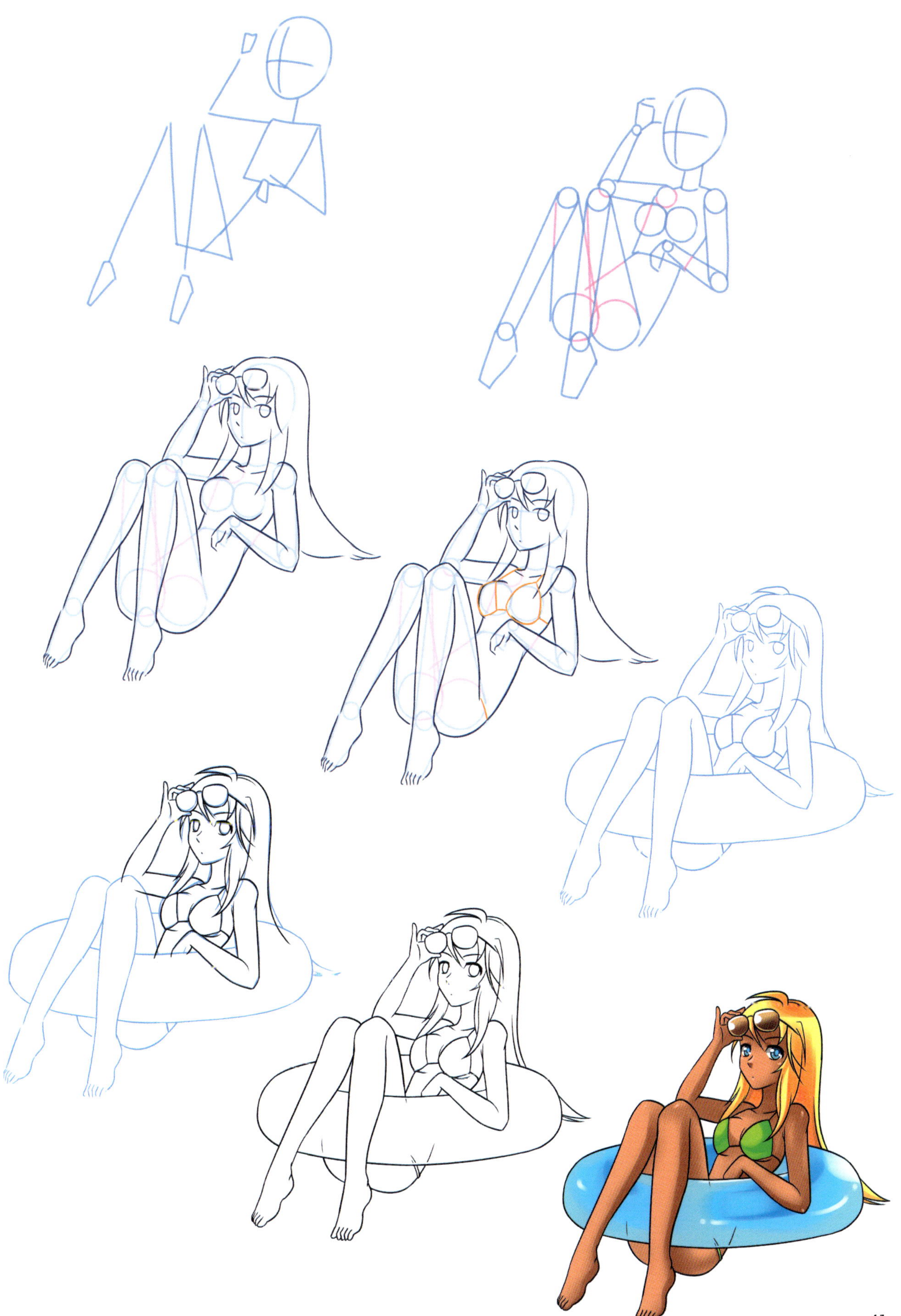

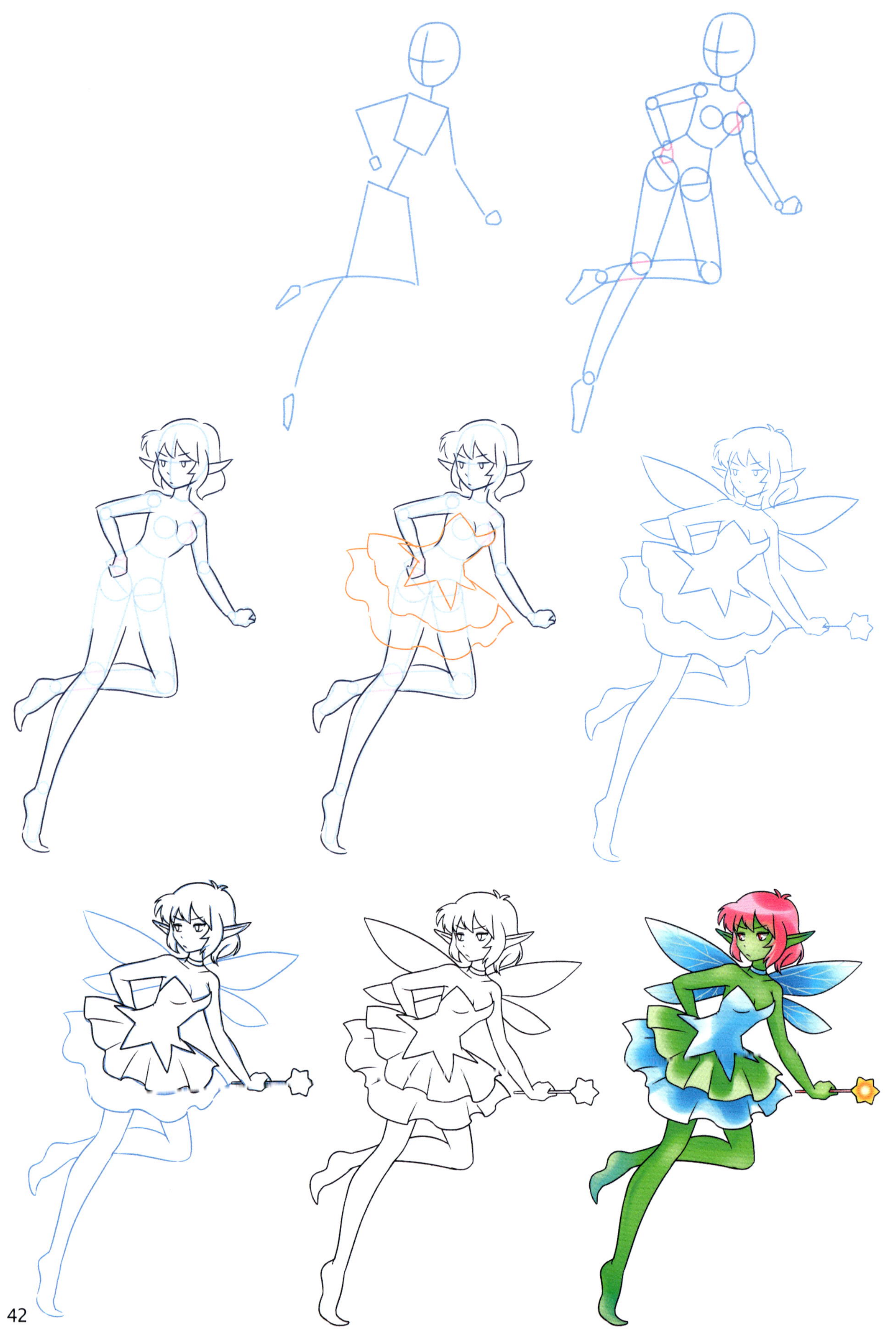

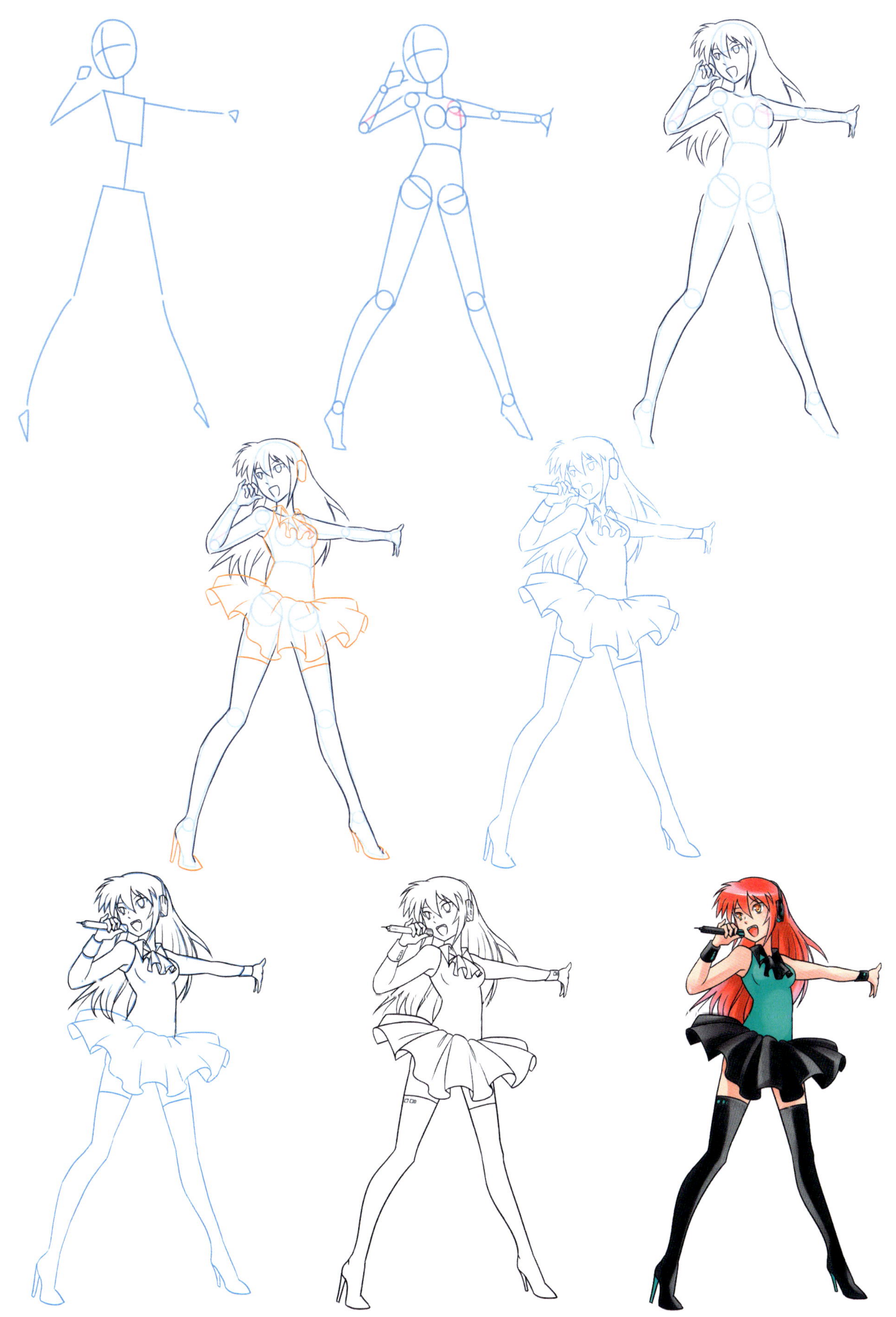

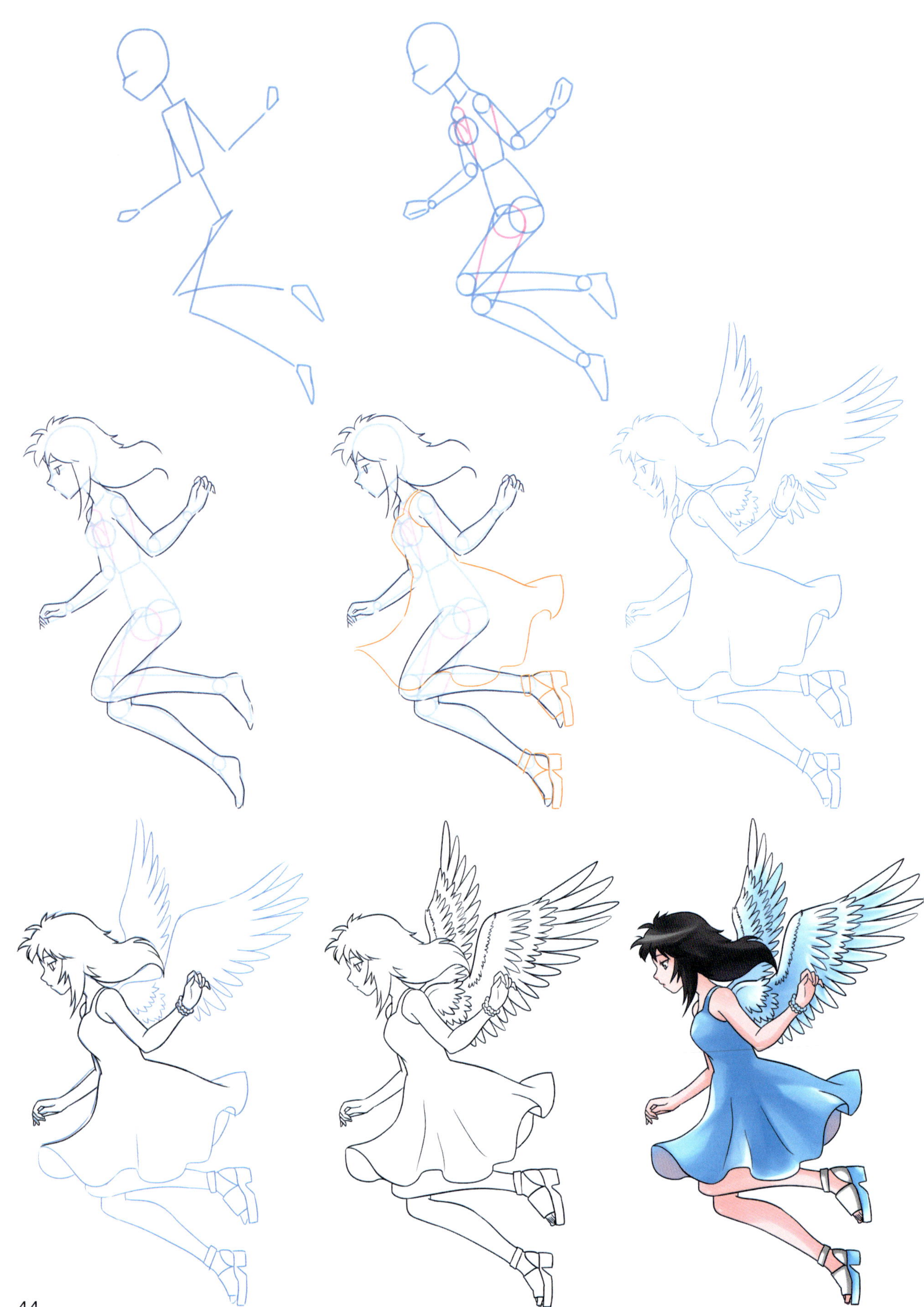

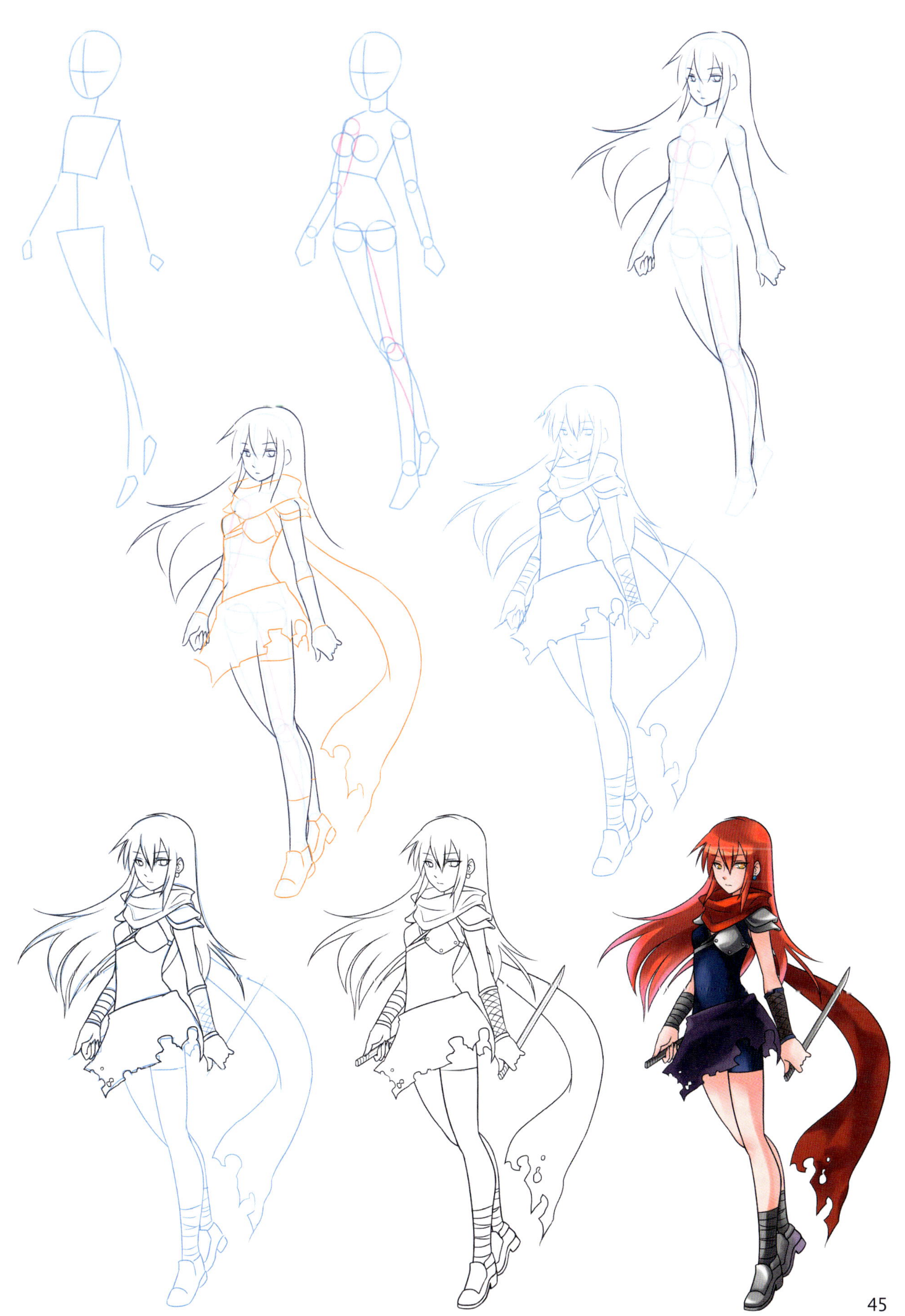

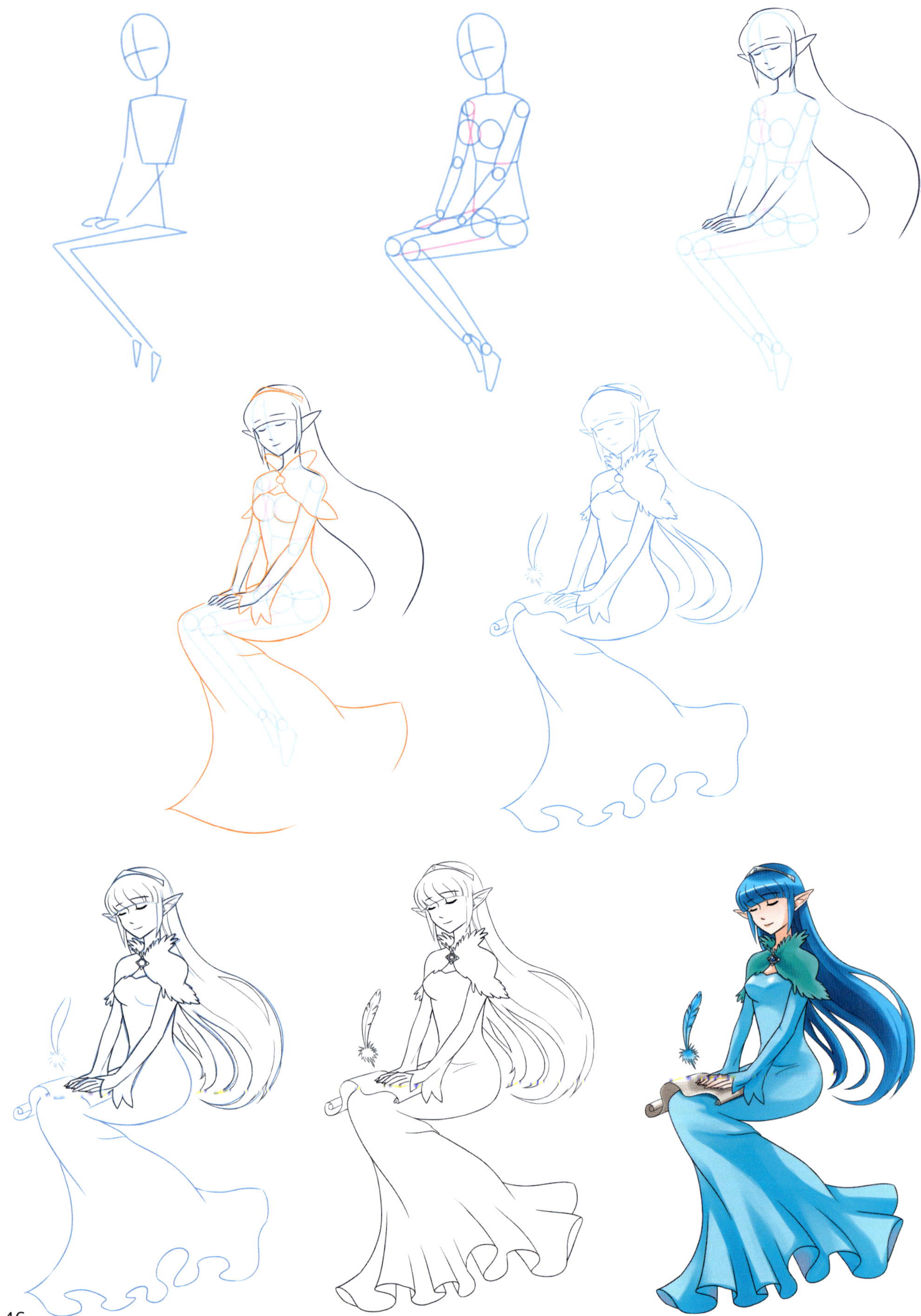

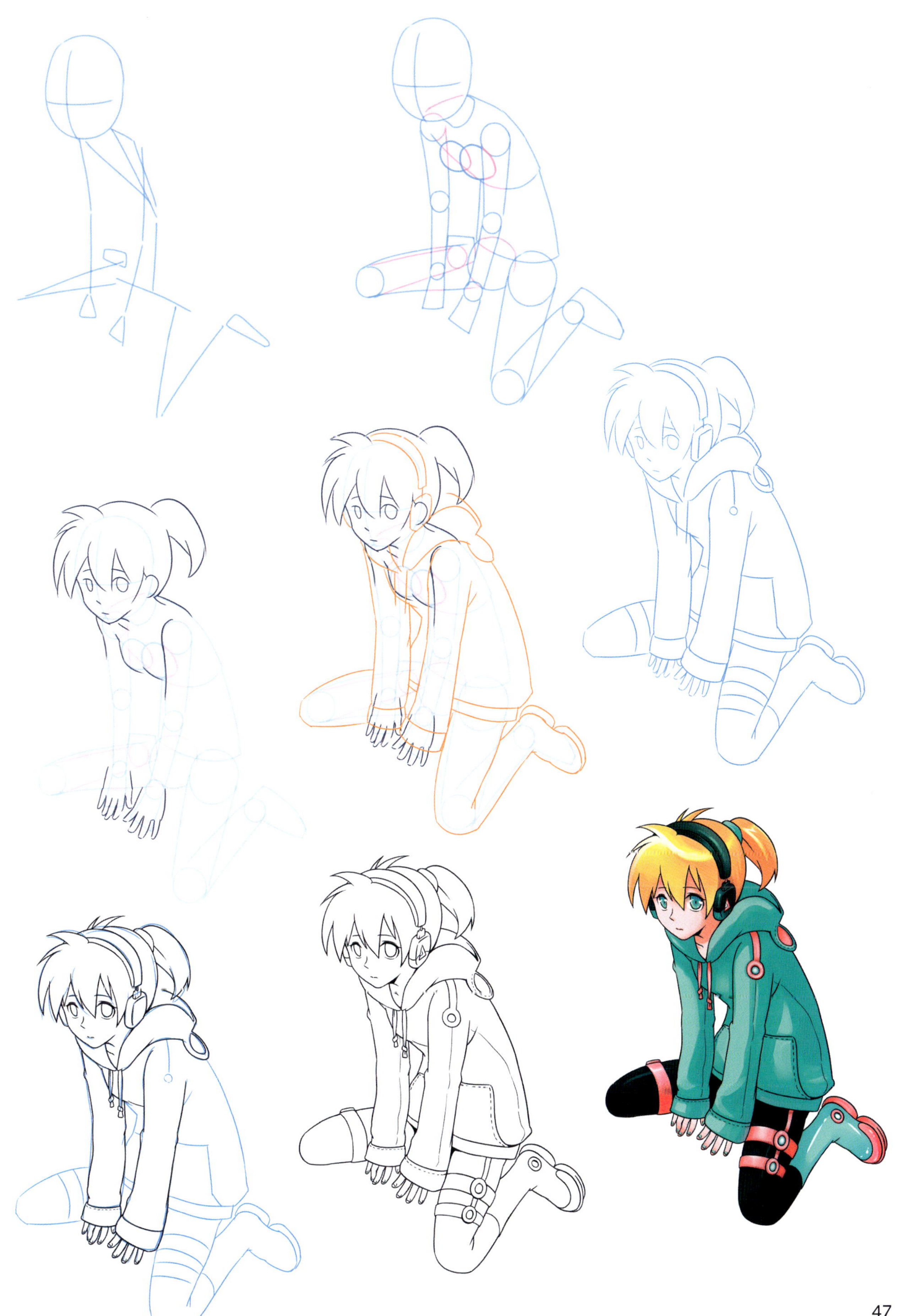

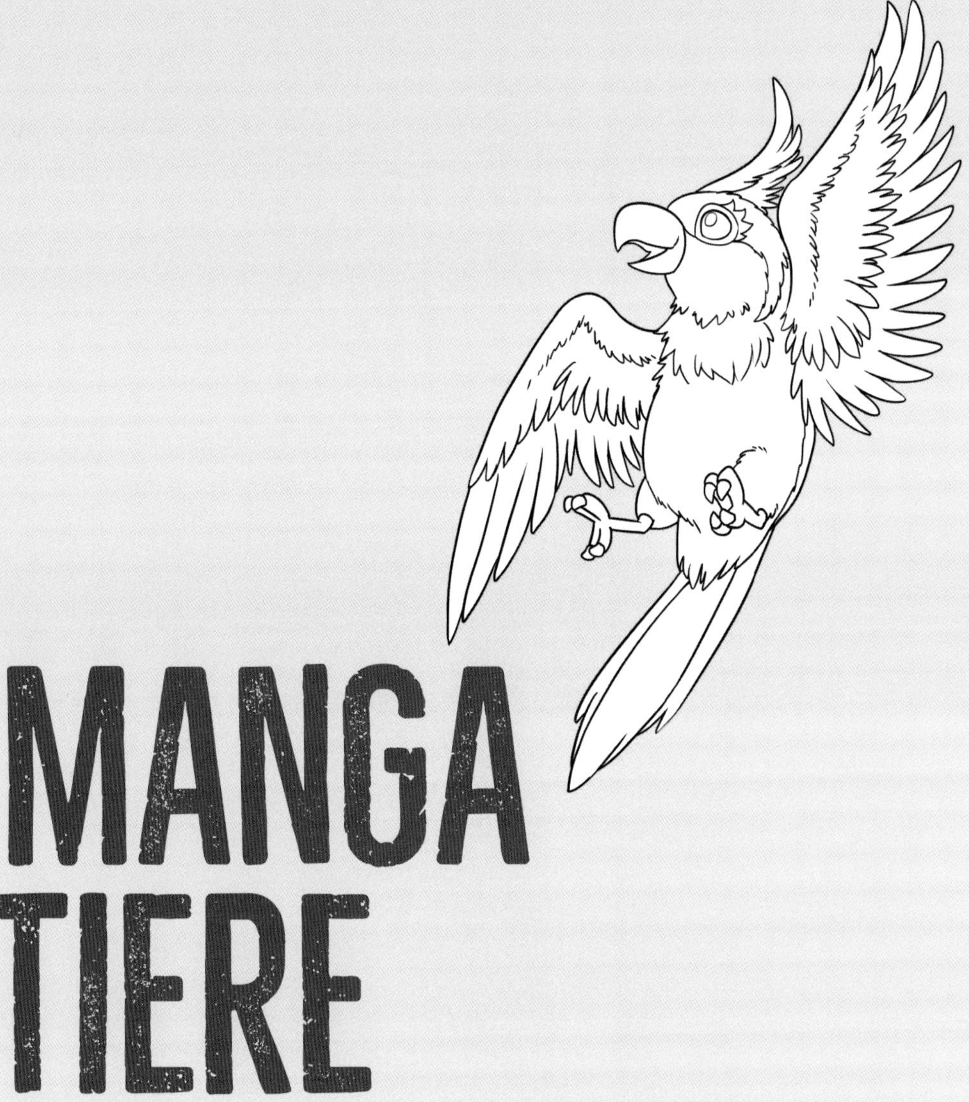

MANGA TIERE

Tiere kommen sehr oft vor in Mangas – als Kumpel, Haustiere oder auch gefährliche Raubtiere. Wie bei den Manga-Menschen kannst du auch die Tiere ganz unterschiedlich zeichnen, von realistisch bis übertrieben und fantastisch. Ich habe mich in dieser Auswahl auf den realistischen Stil konzentriert, da er komplizierter ist und dir damit eine gute Zeichengrundlage bietet, auf der du dein Können in Zukunft aufbauen kannst. Tiere können schwieriger zu zeichnen sein als Menschen. Aber mit den einfachen Schritt-für-Schritt-Anleitungen wirst du deine Tiere und Kreaturen in Handumdrehen auf das Papier bekommen.

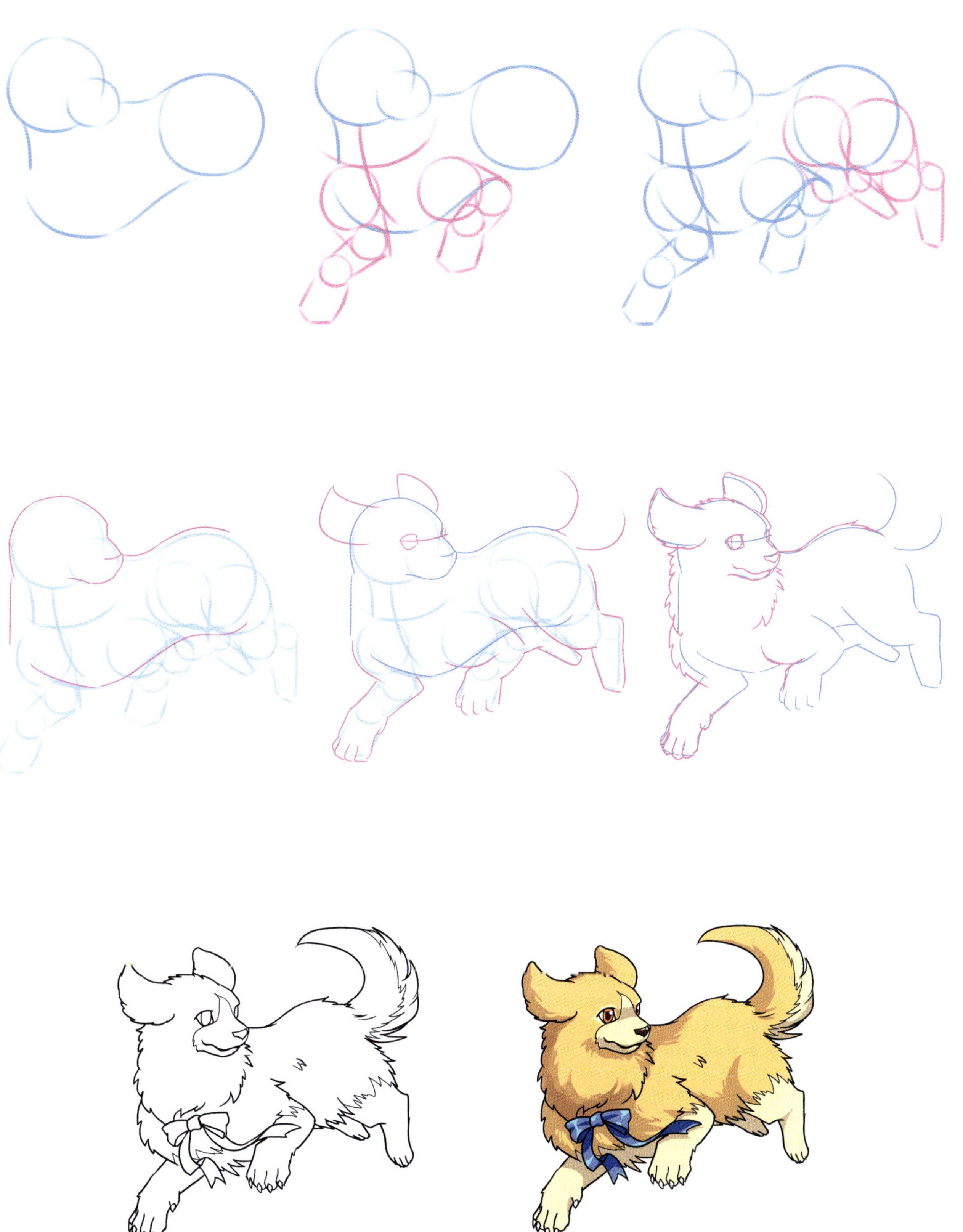

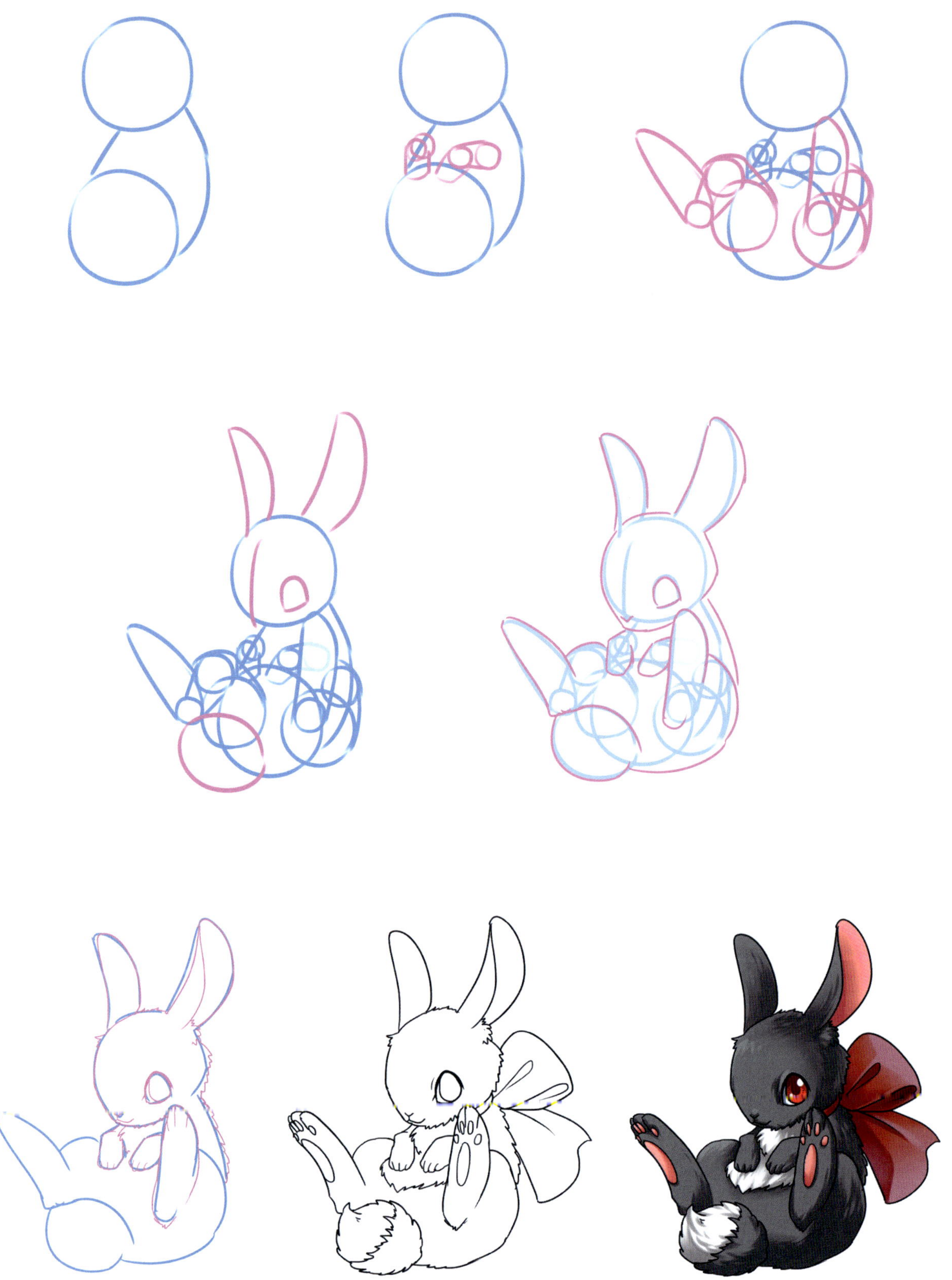

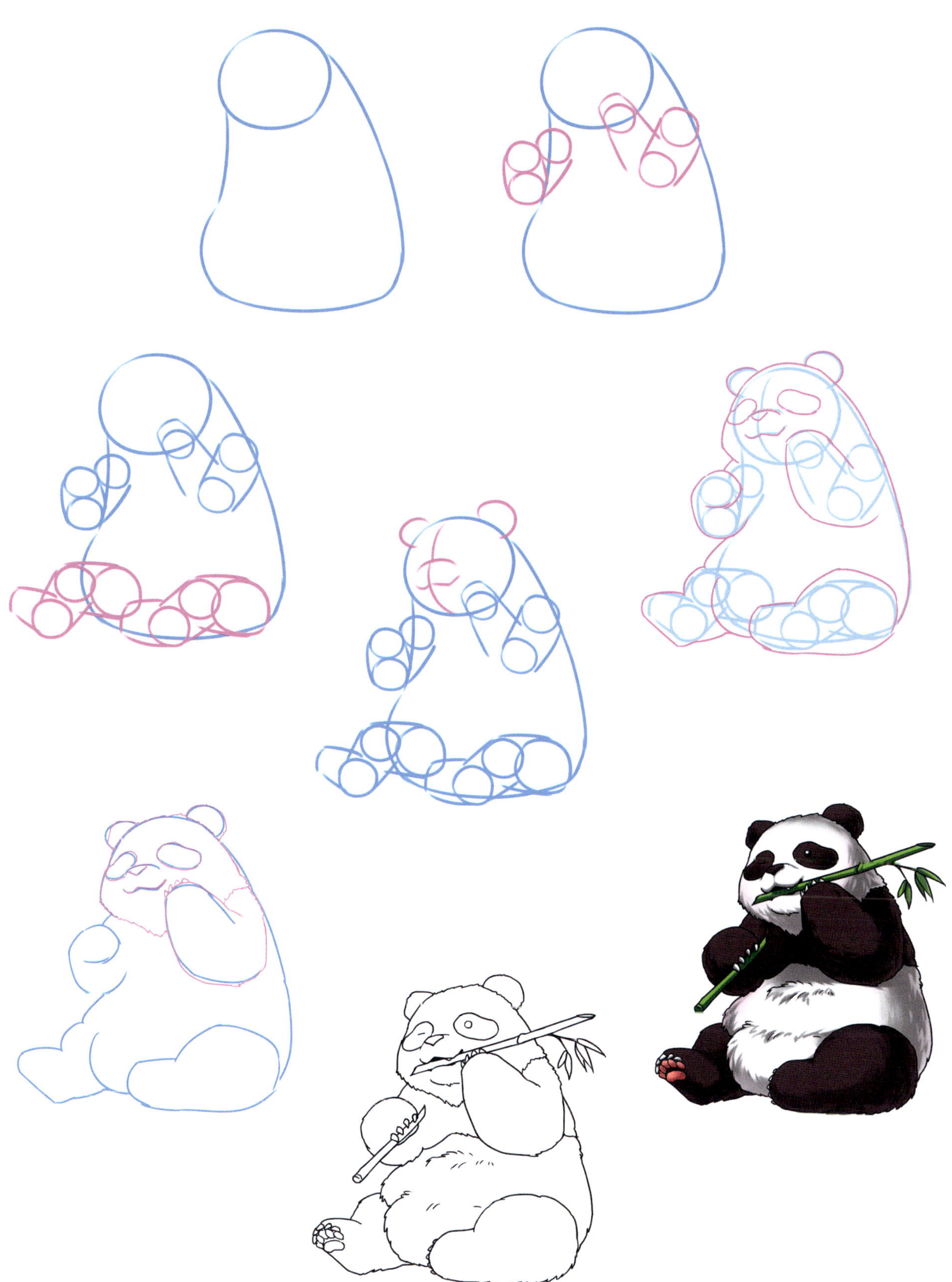

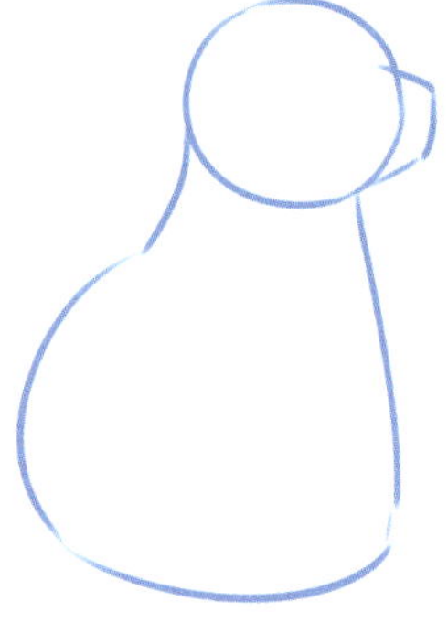
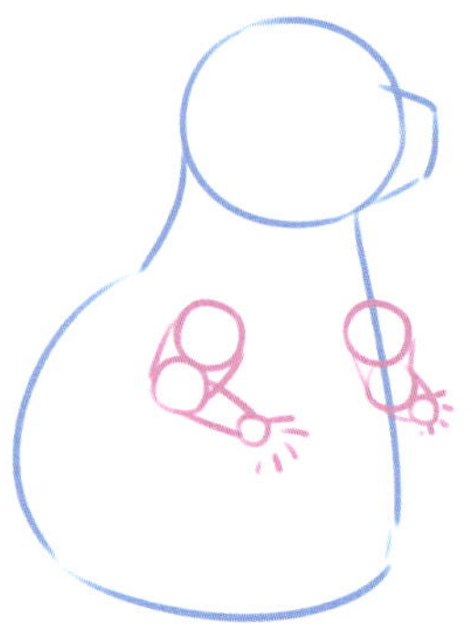
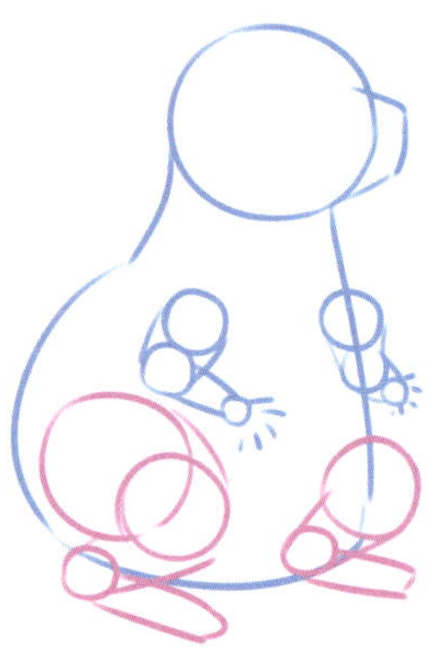
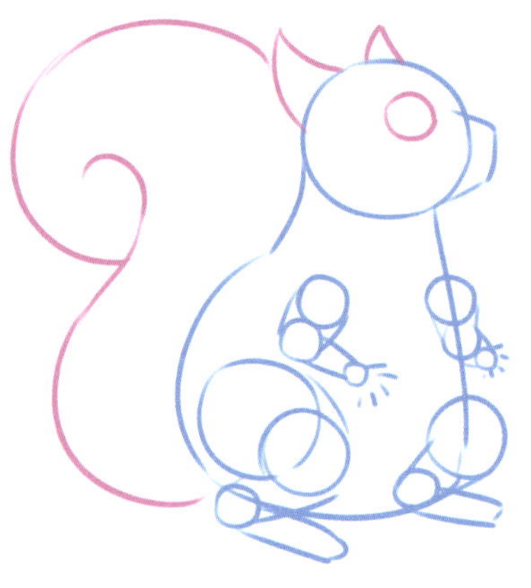
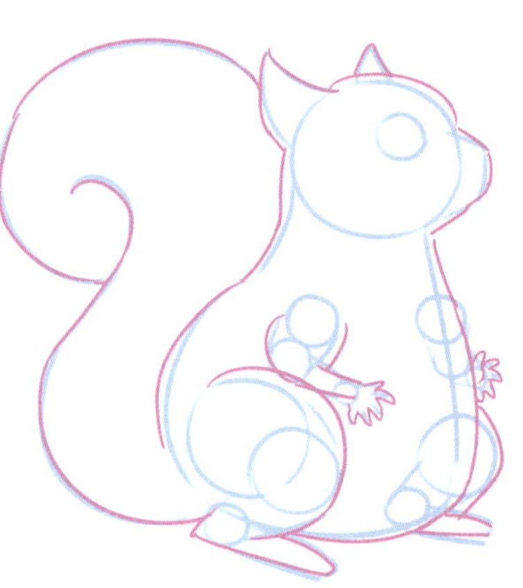
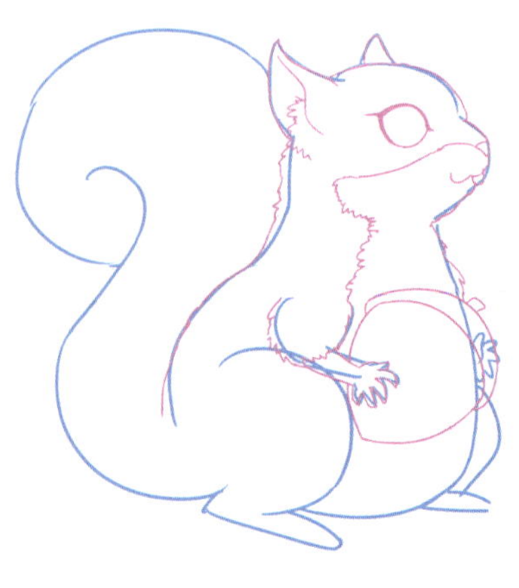
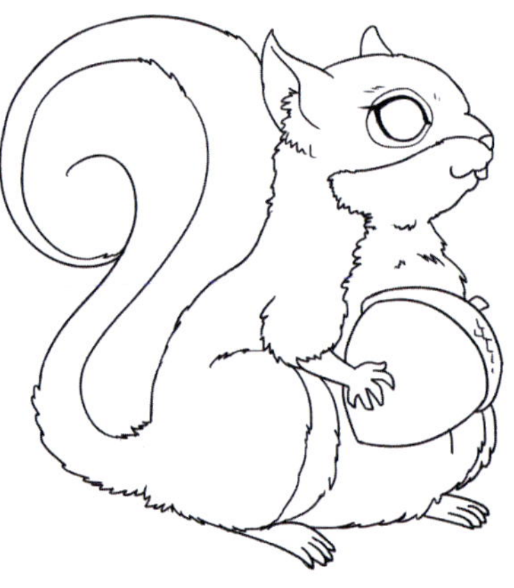
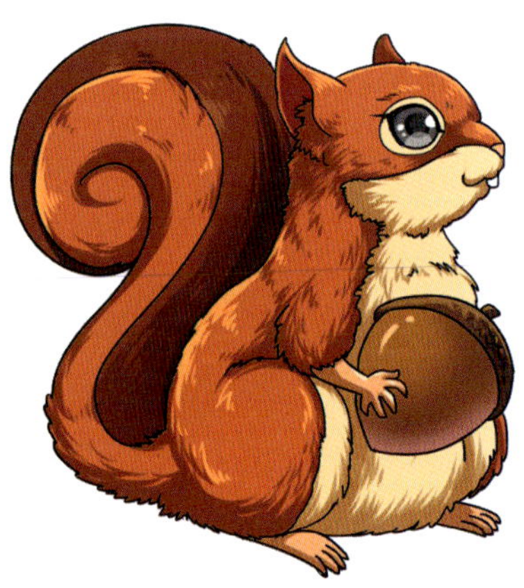

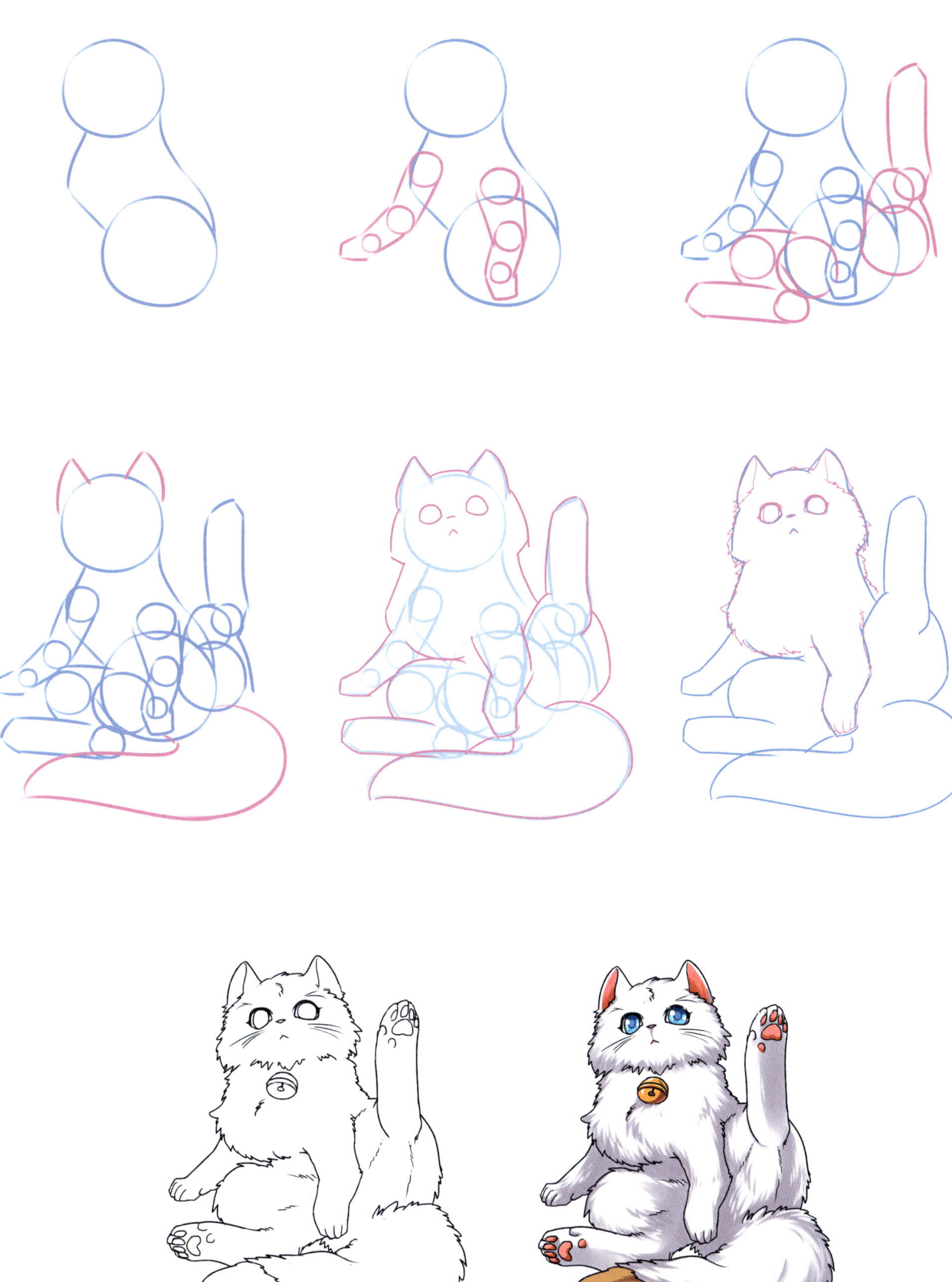

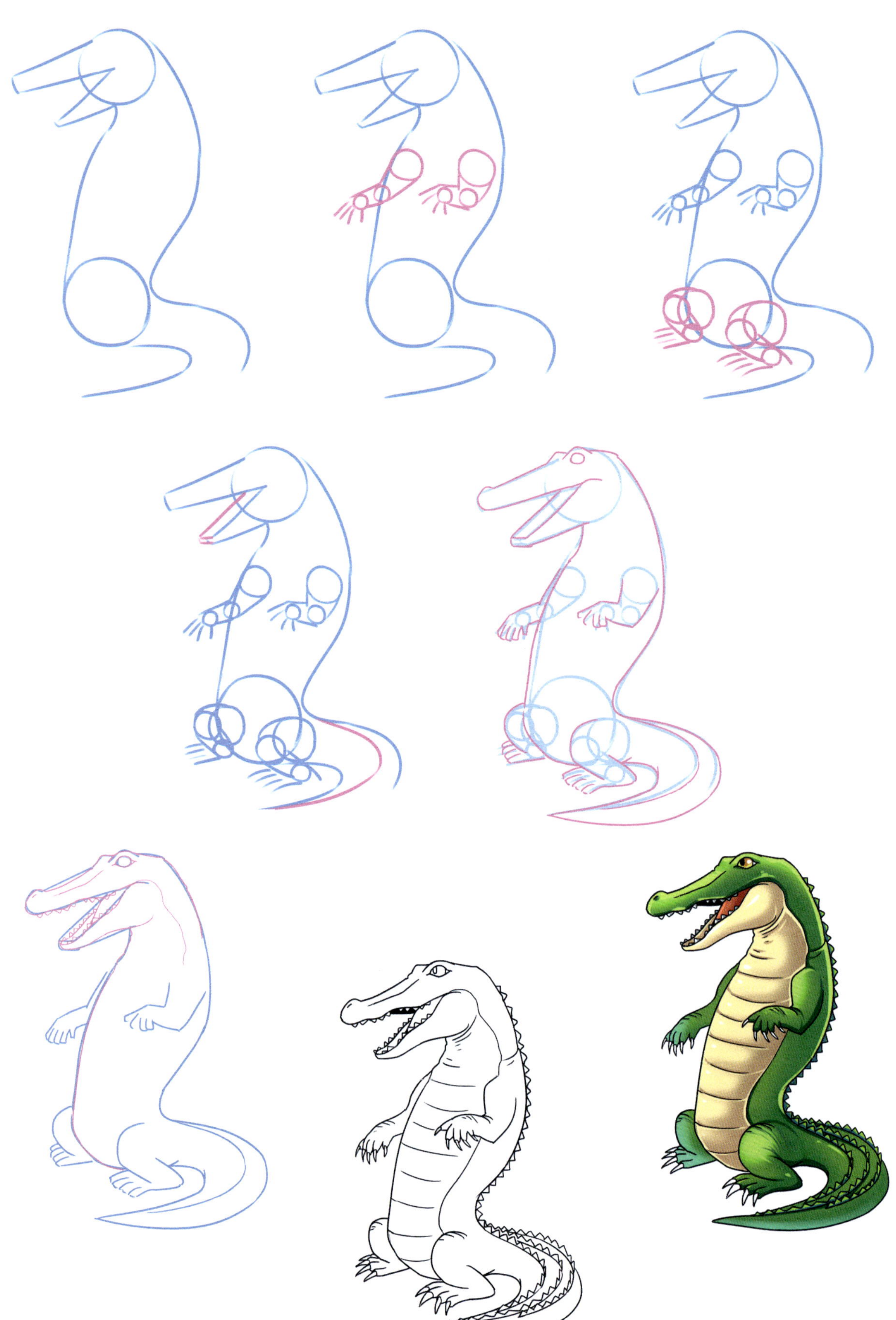

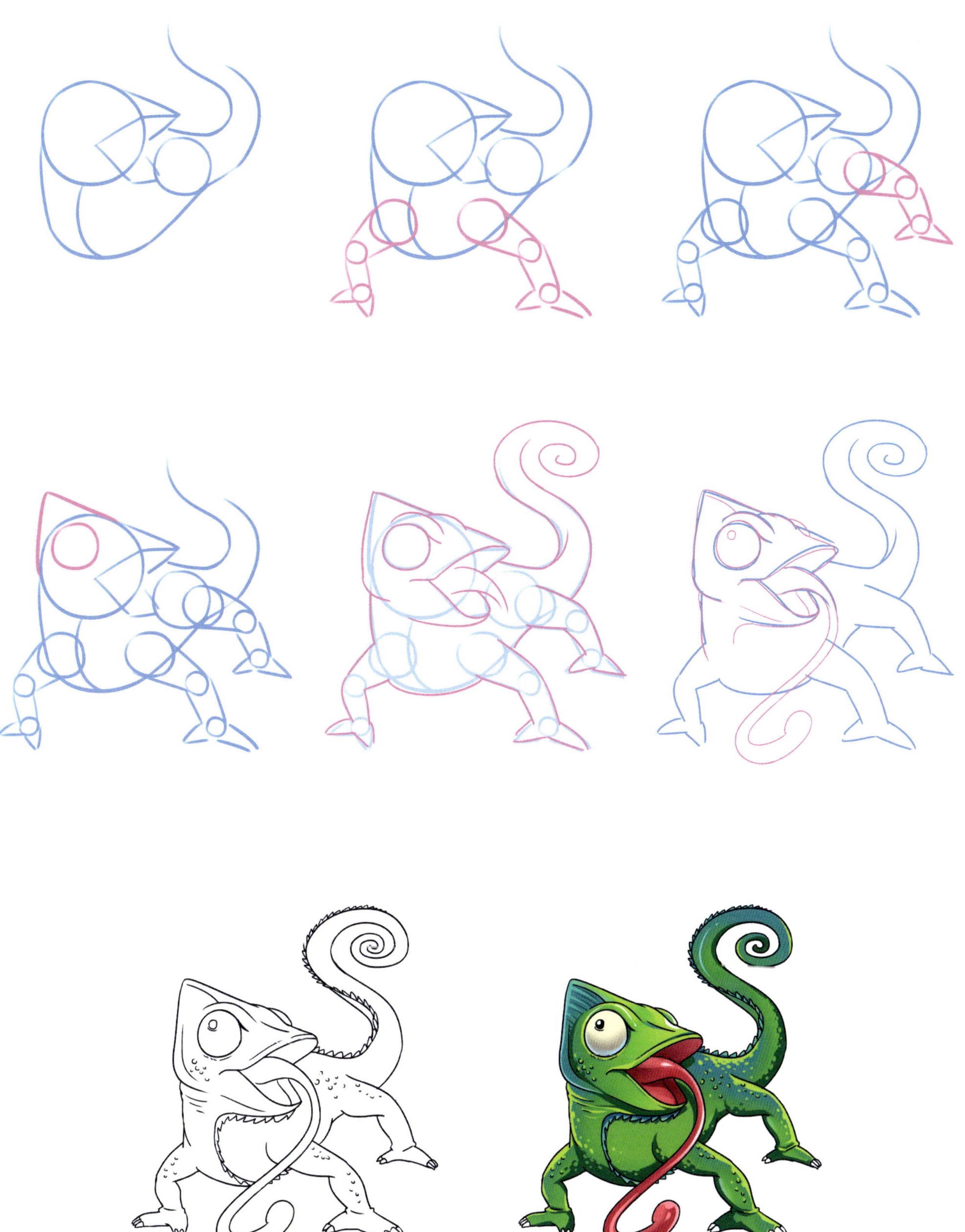

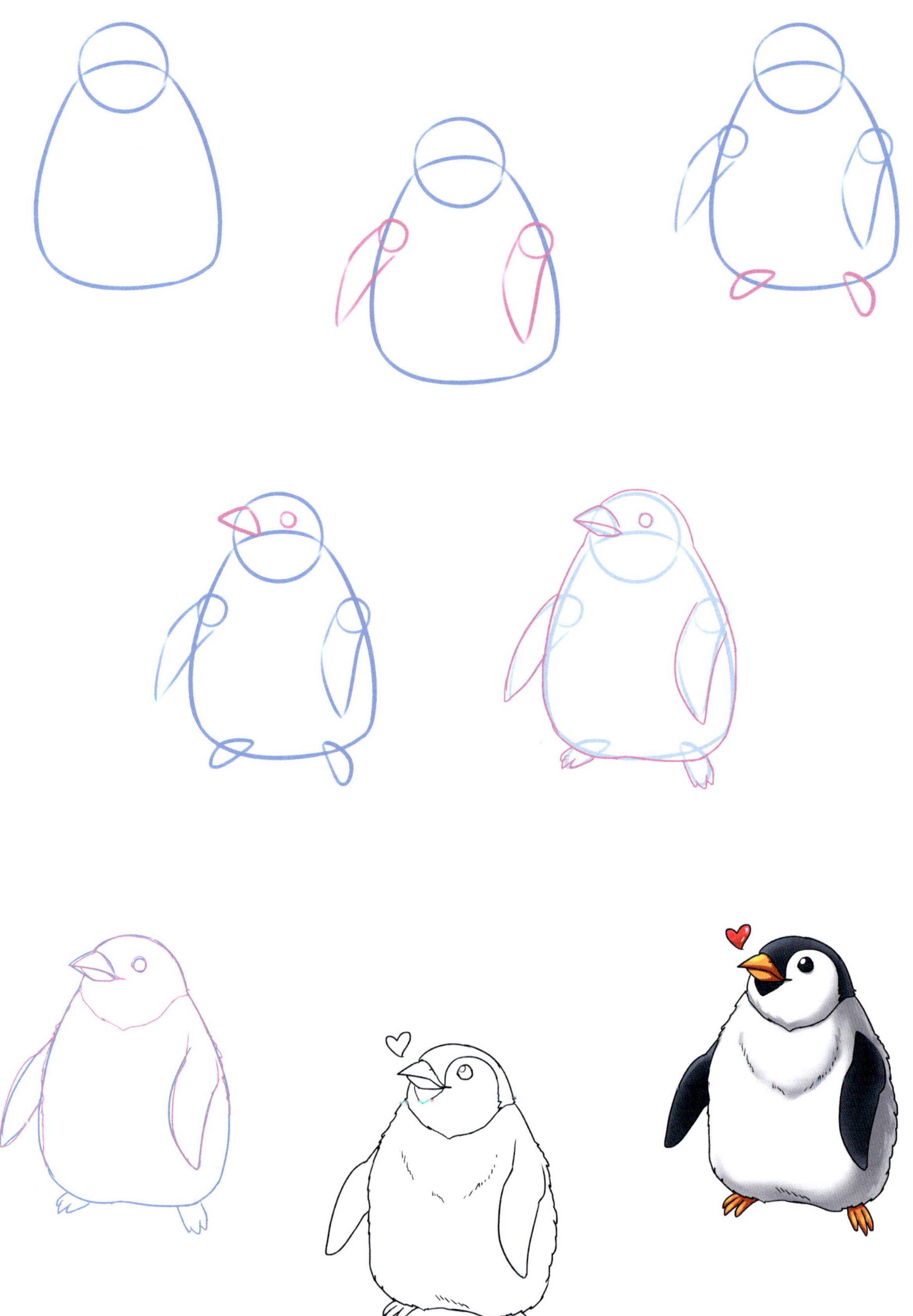

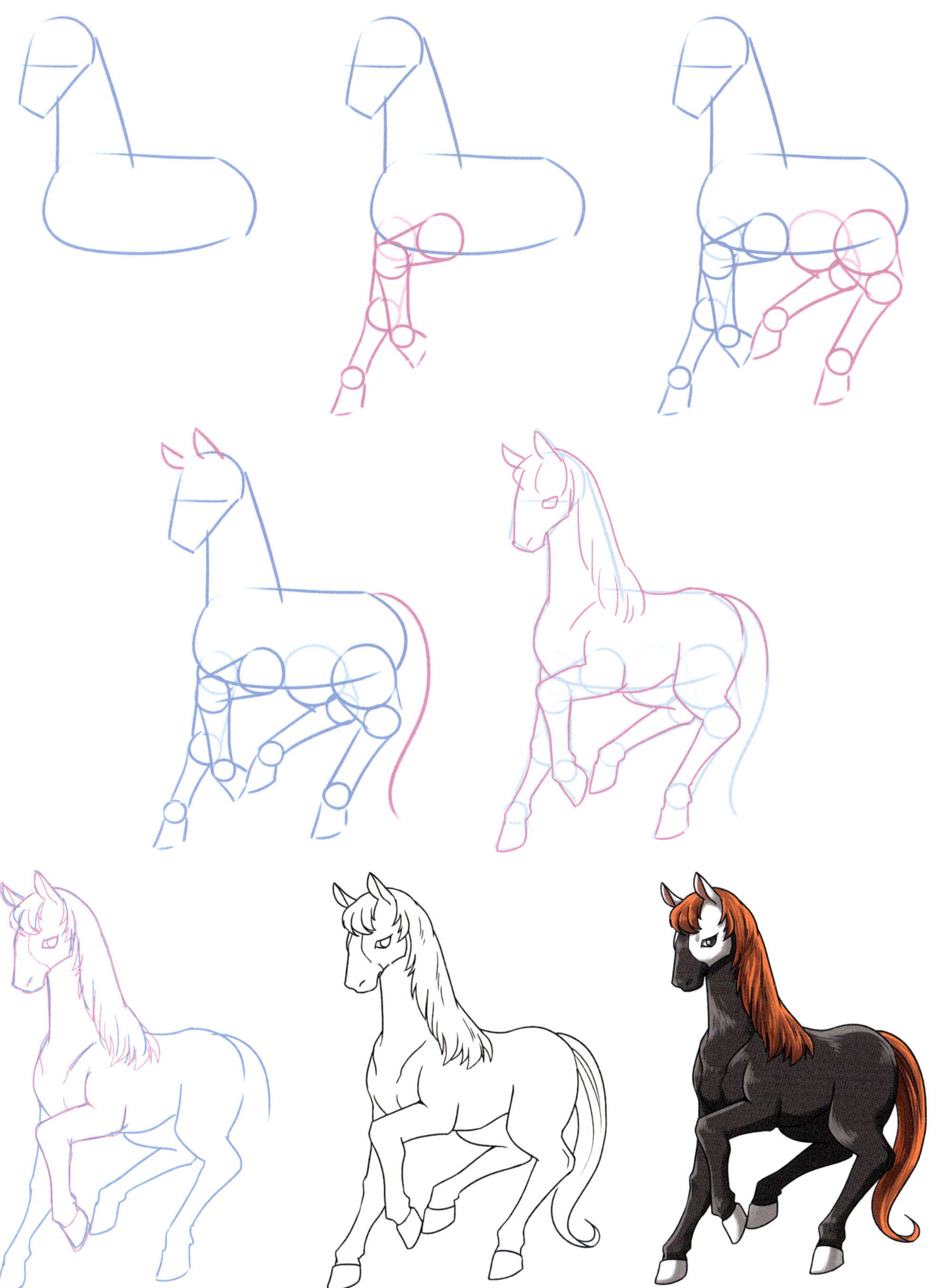

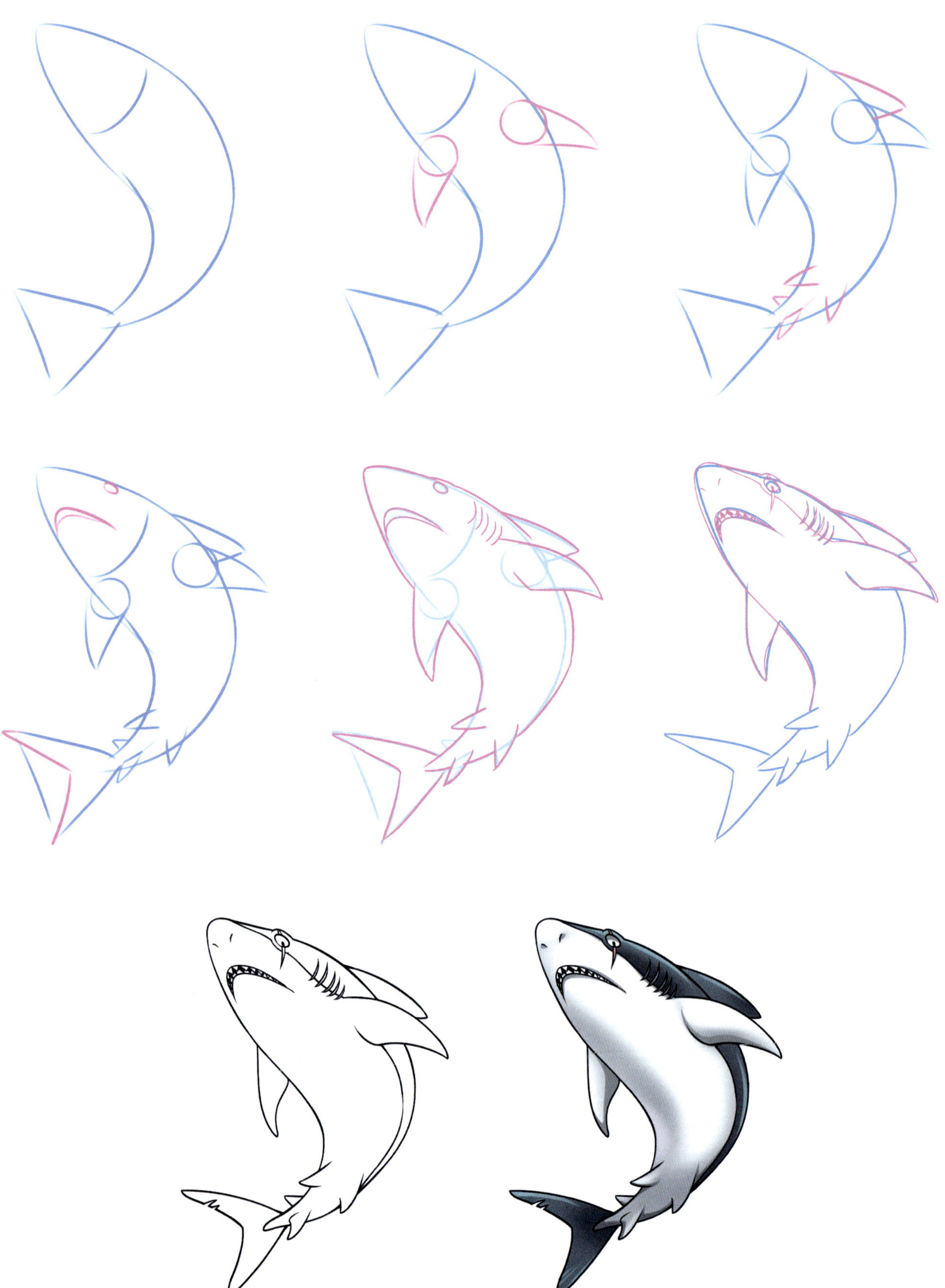

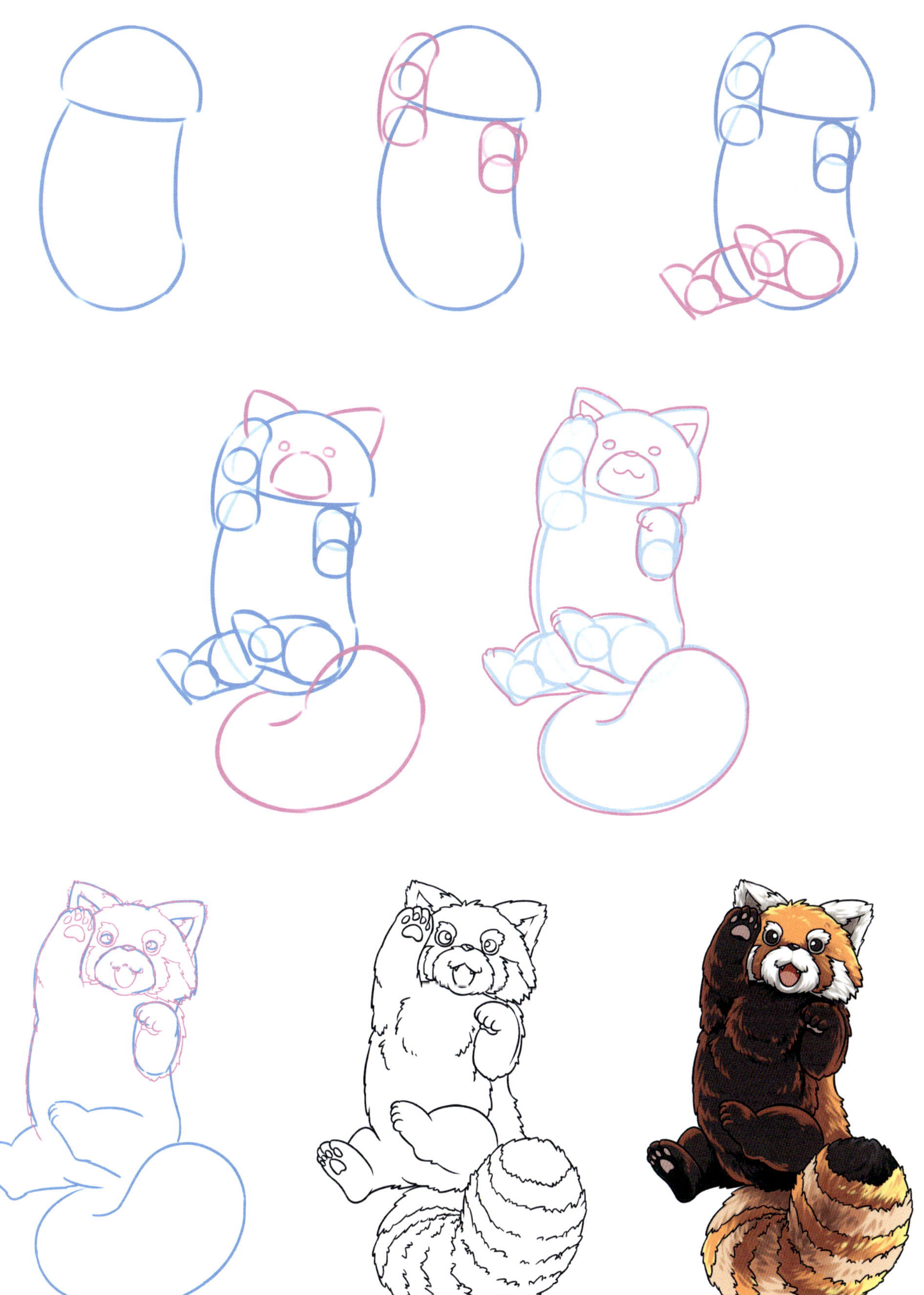

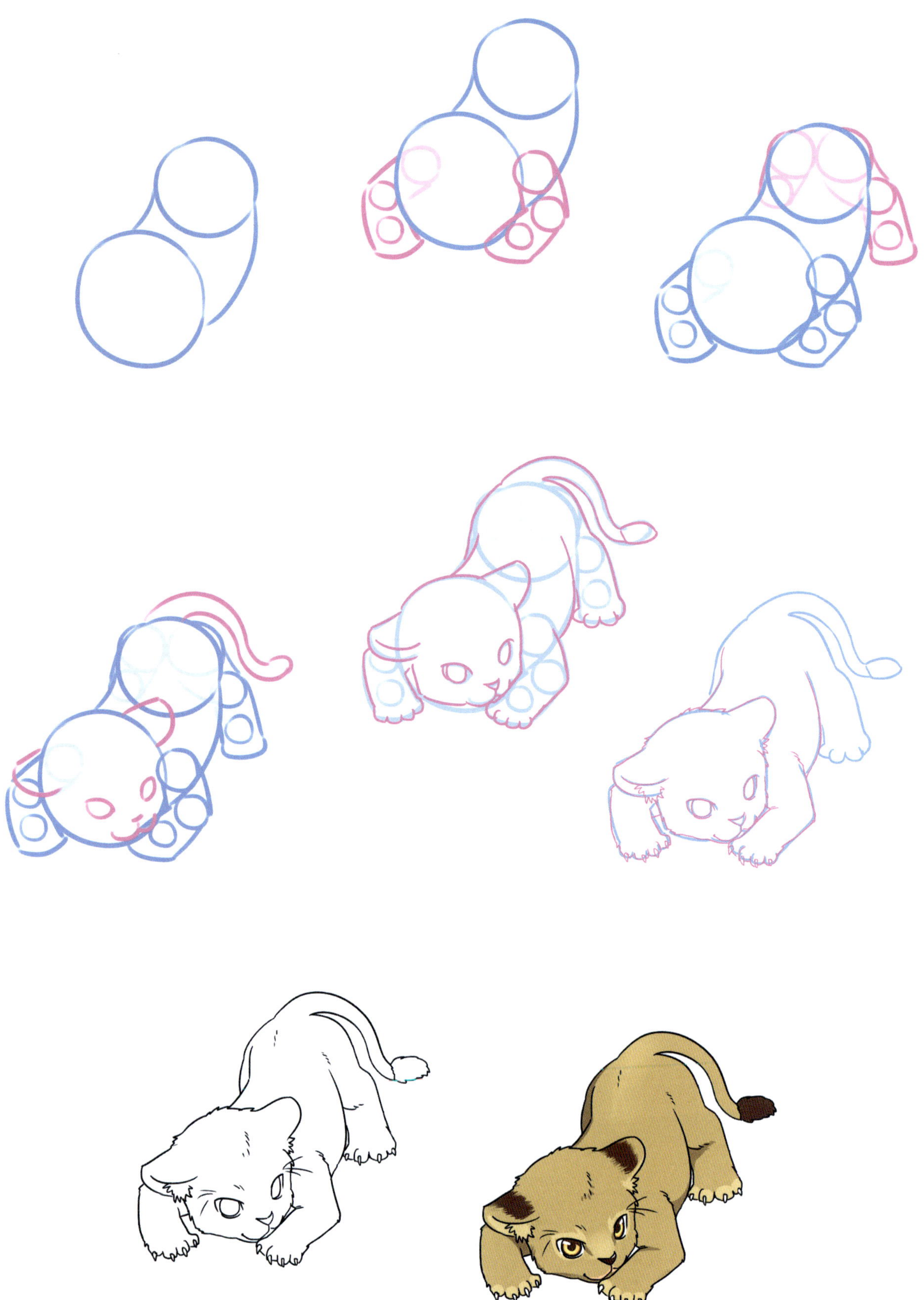

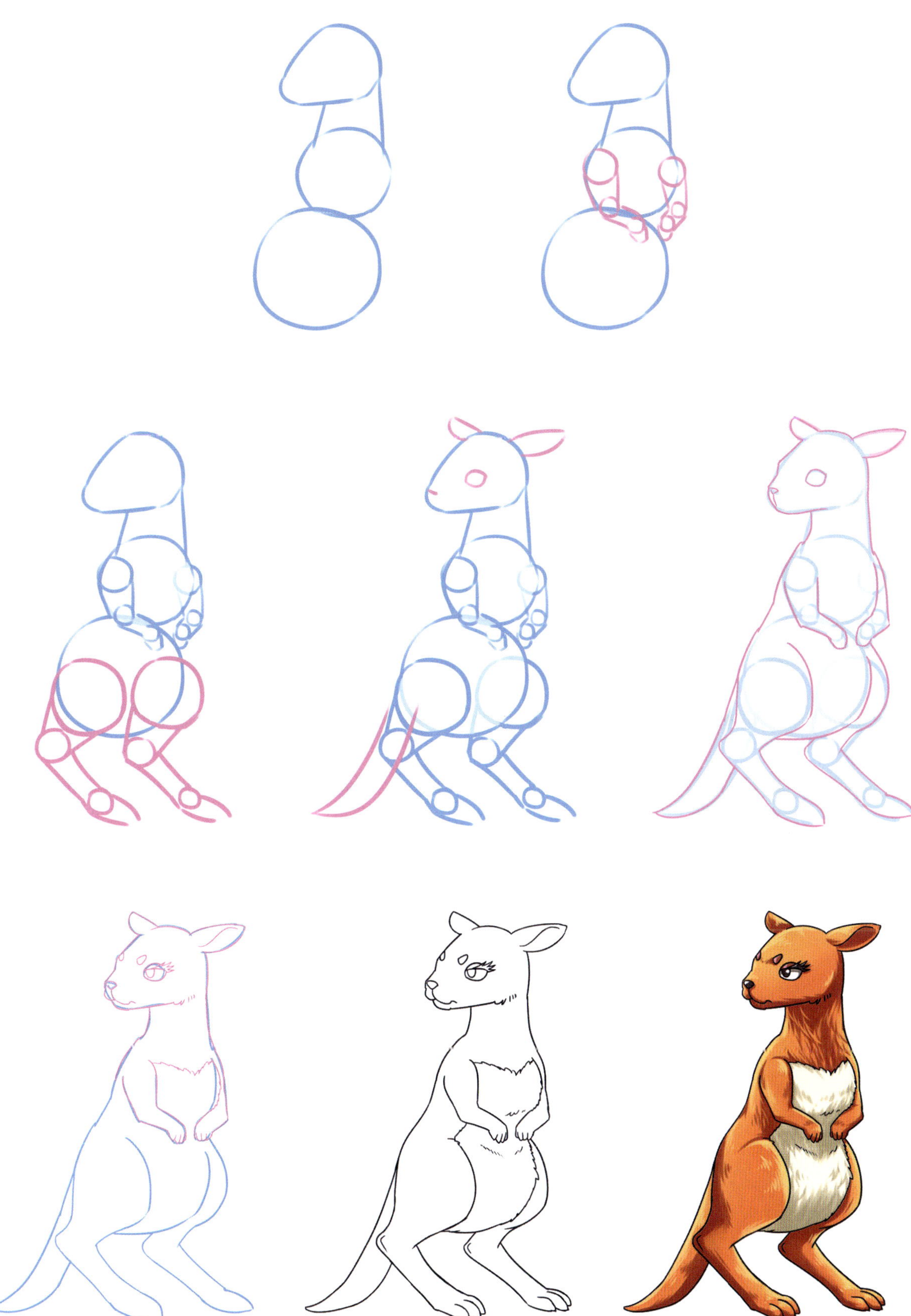

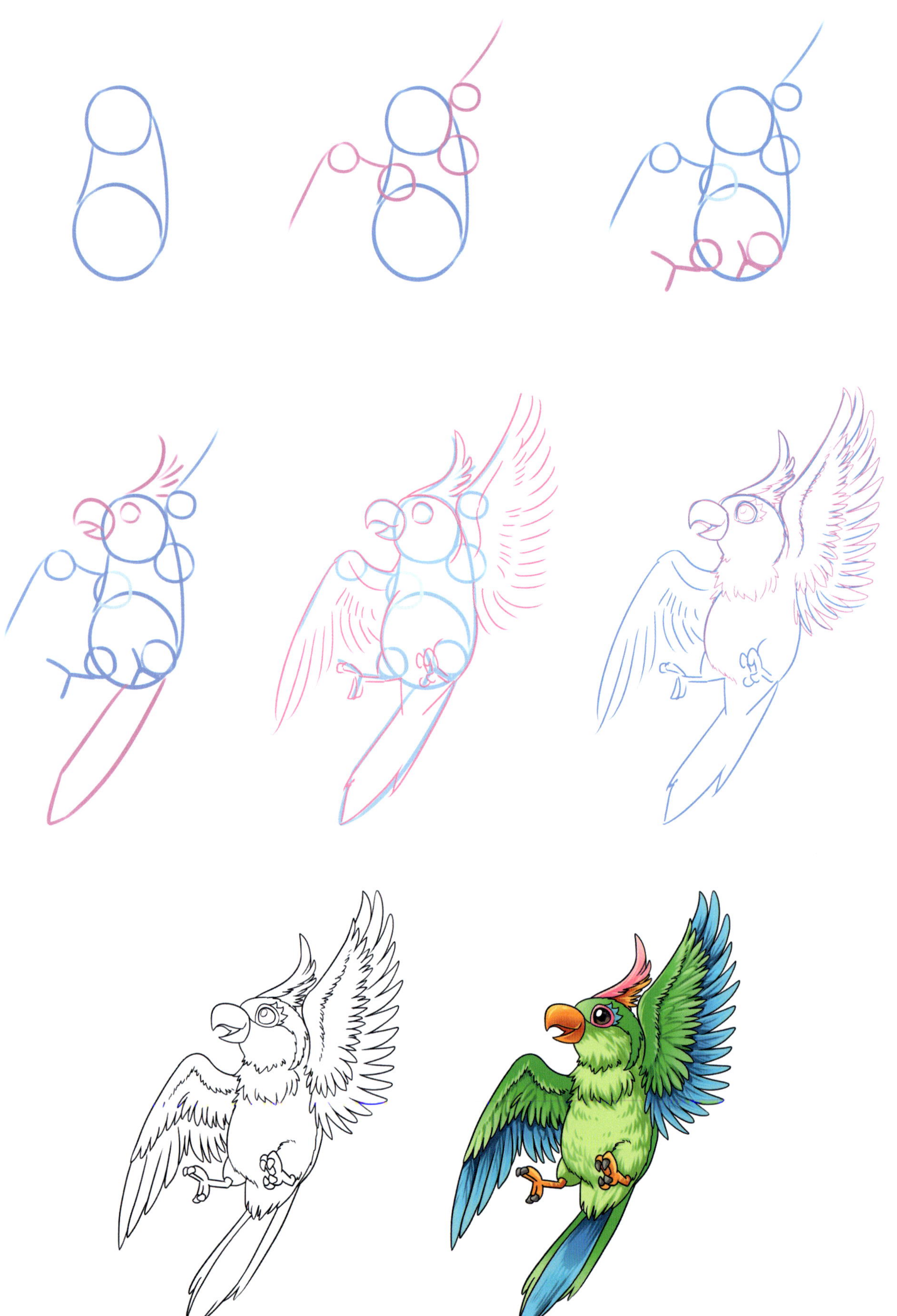

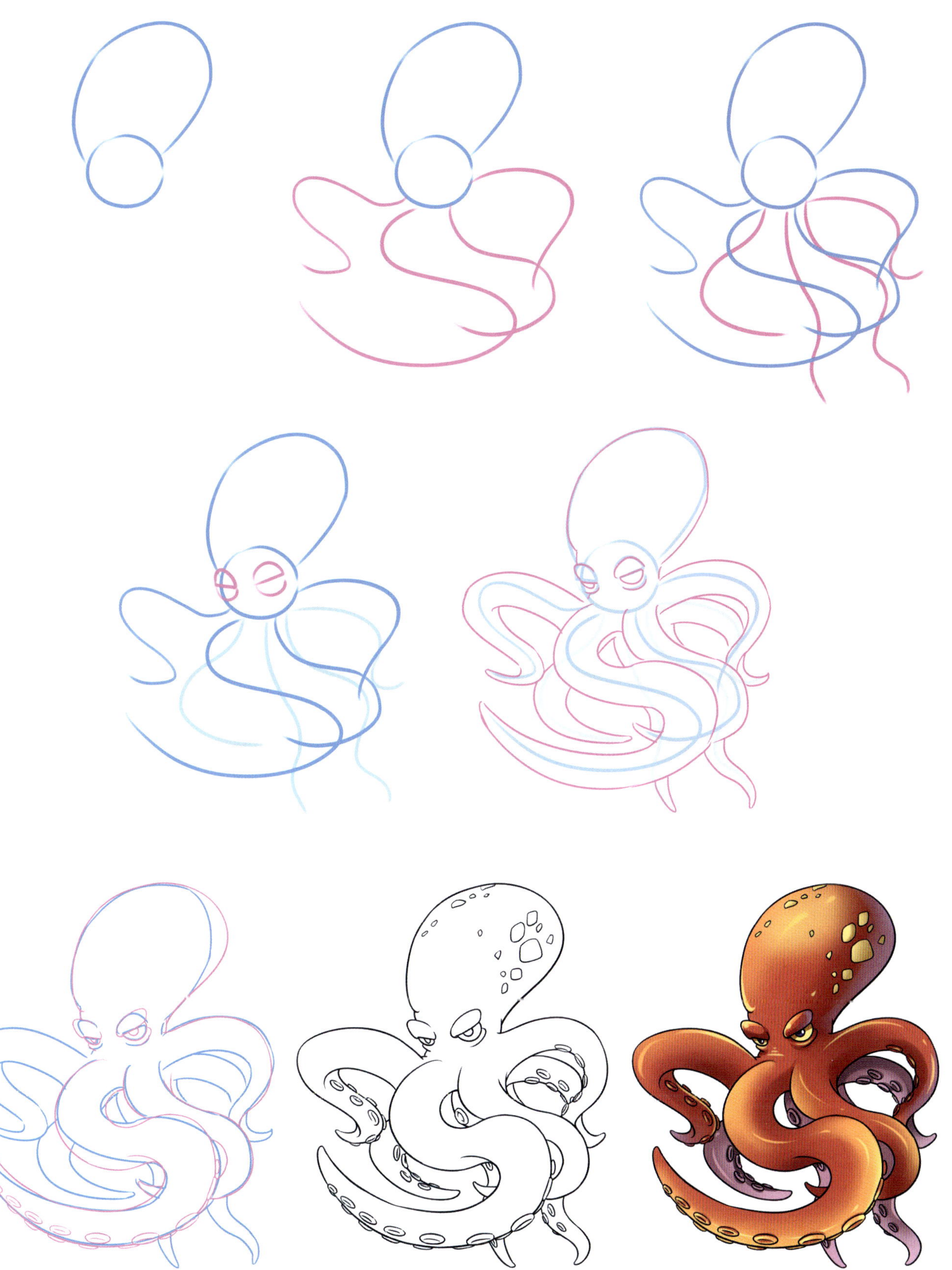

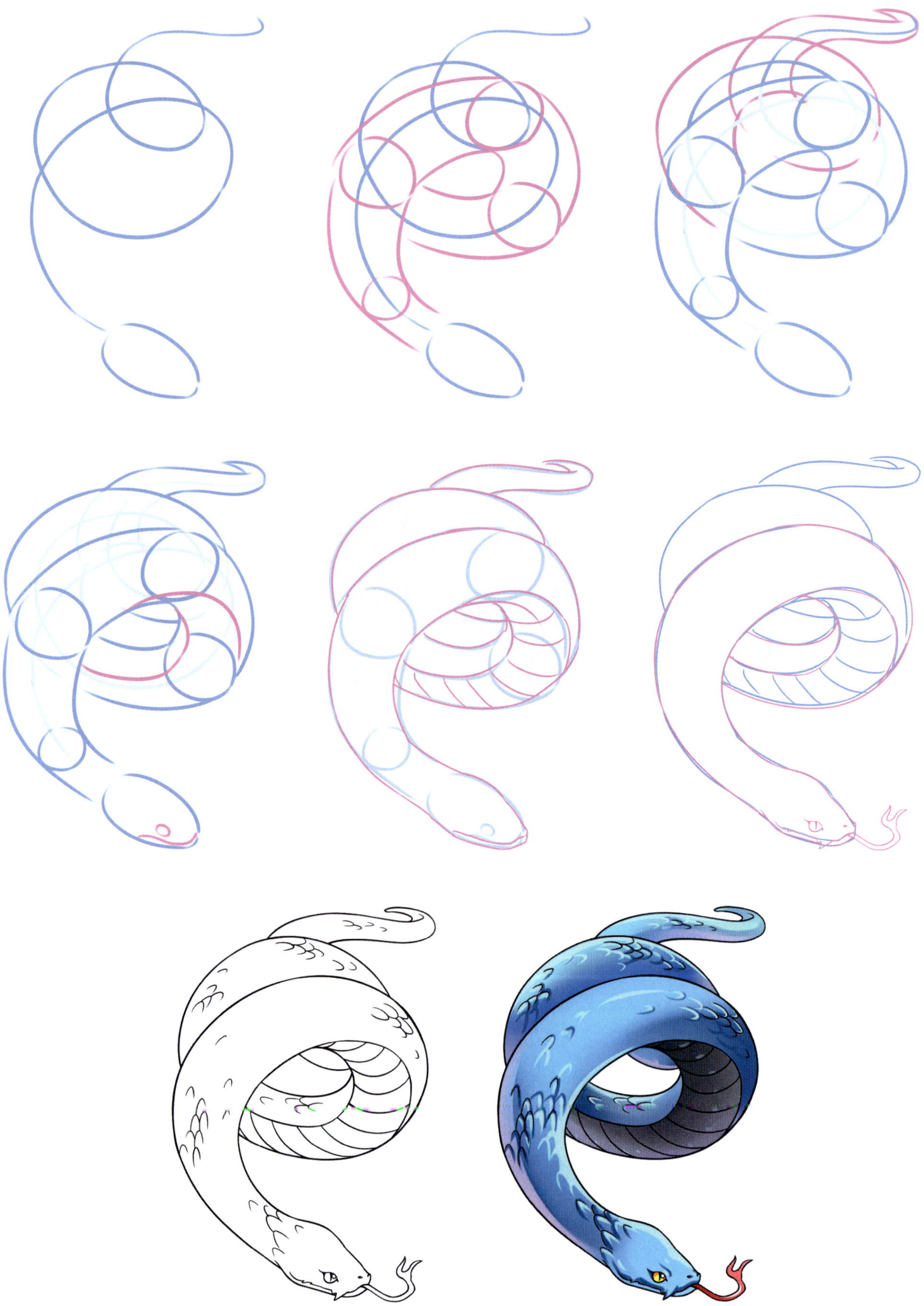

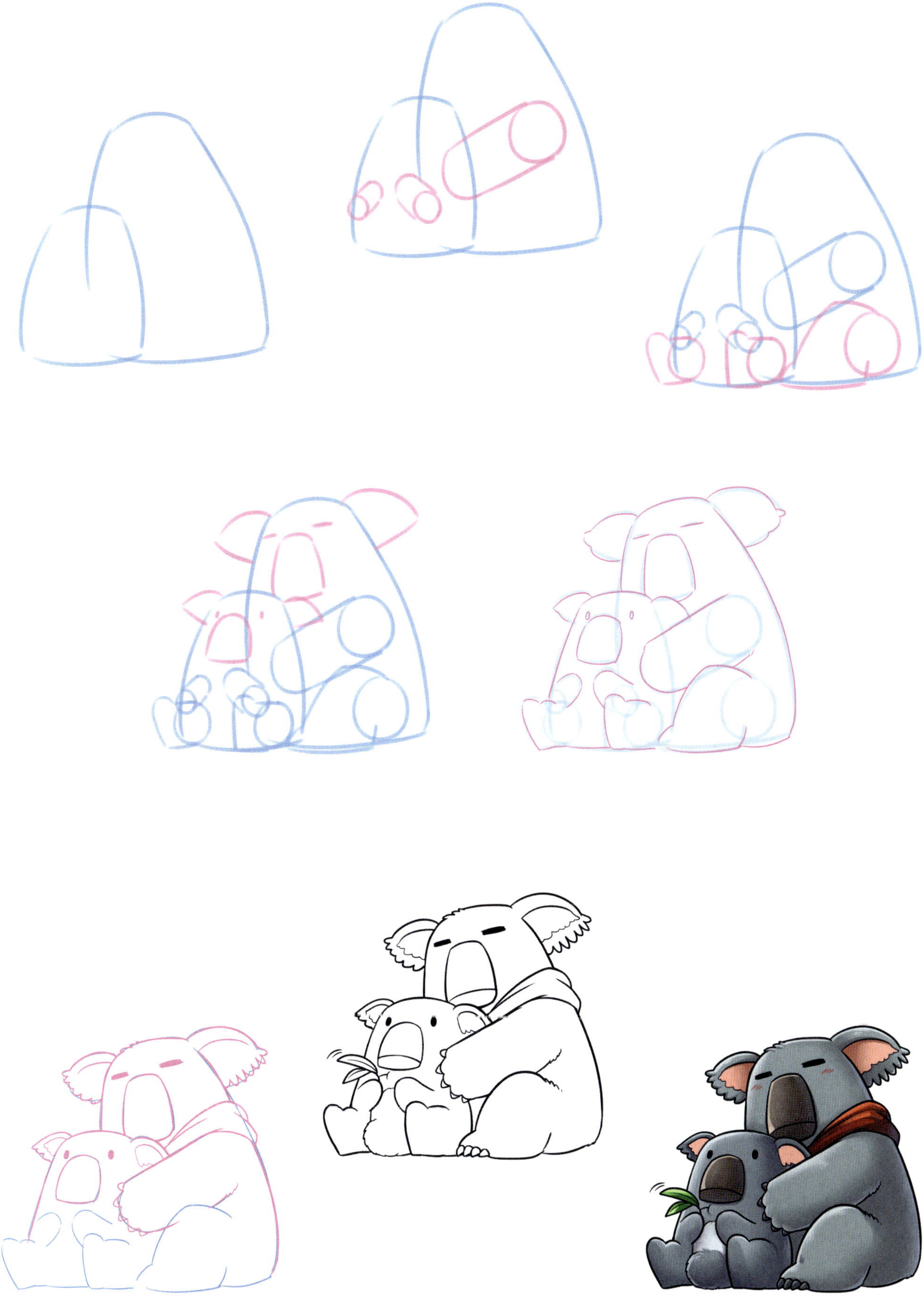

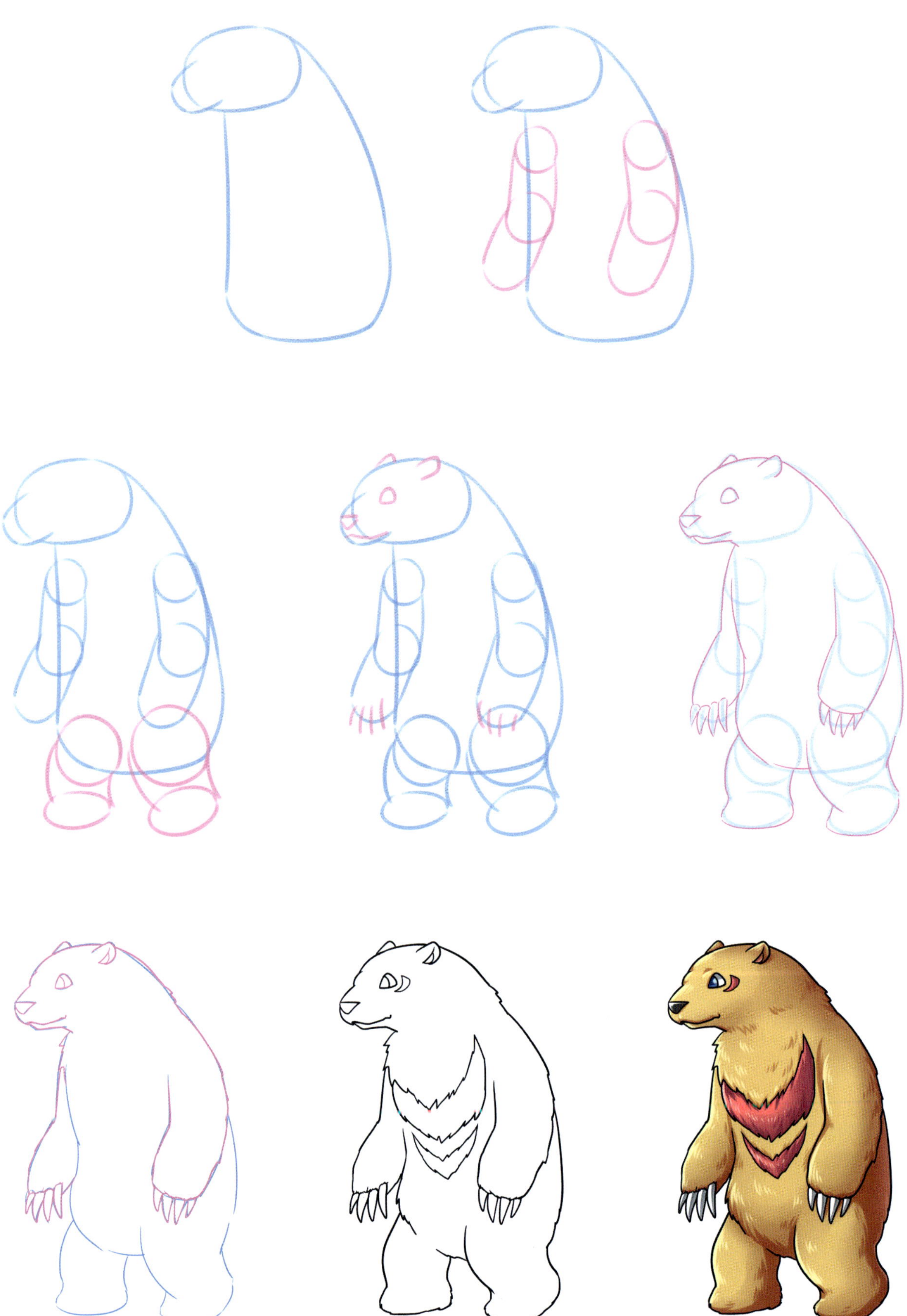

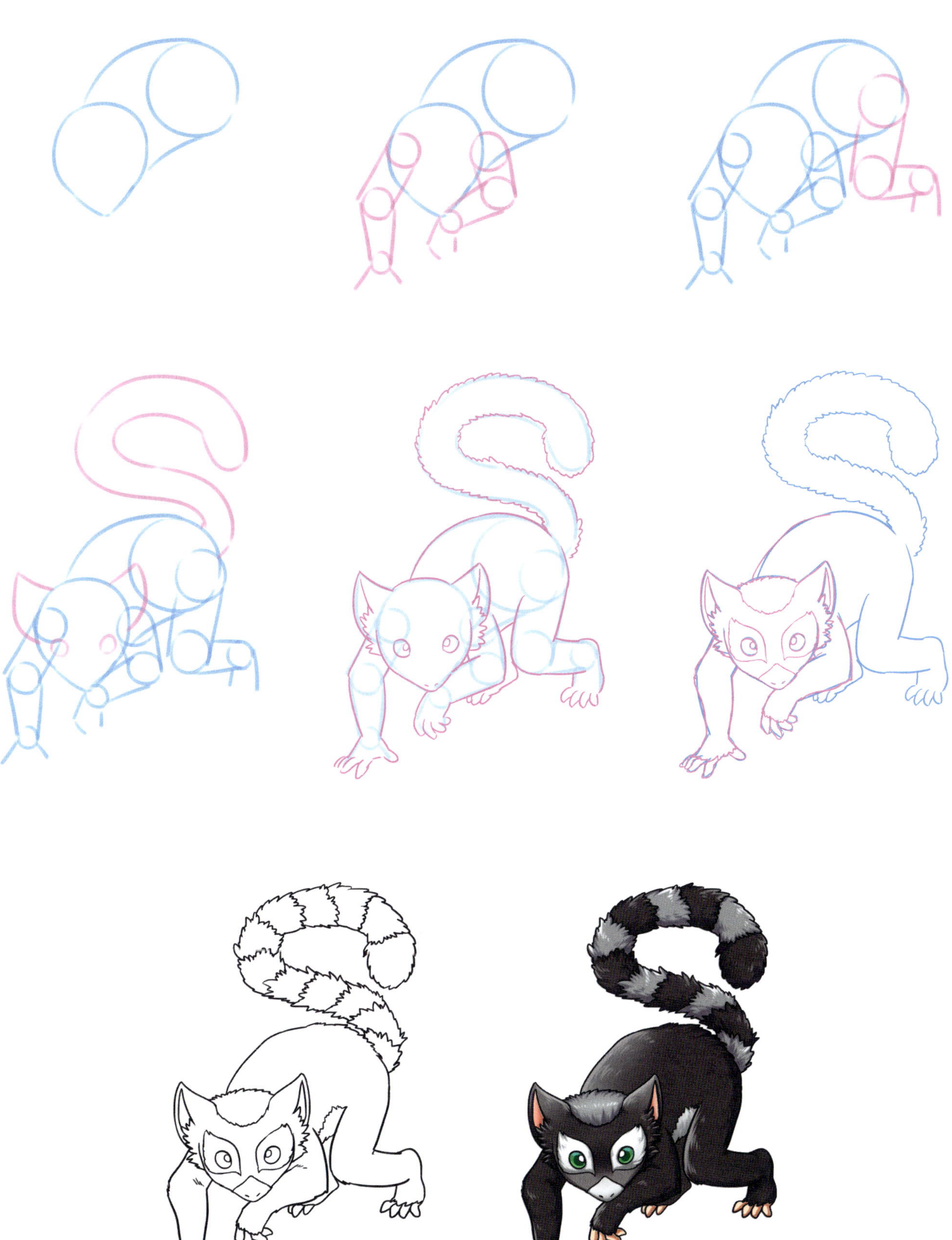

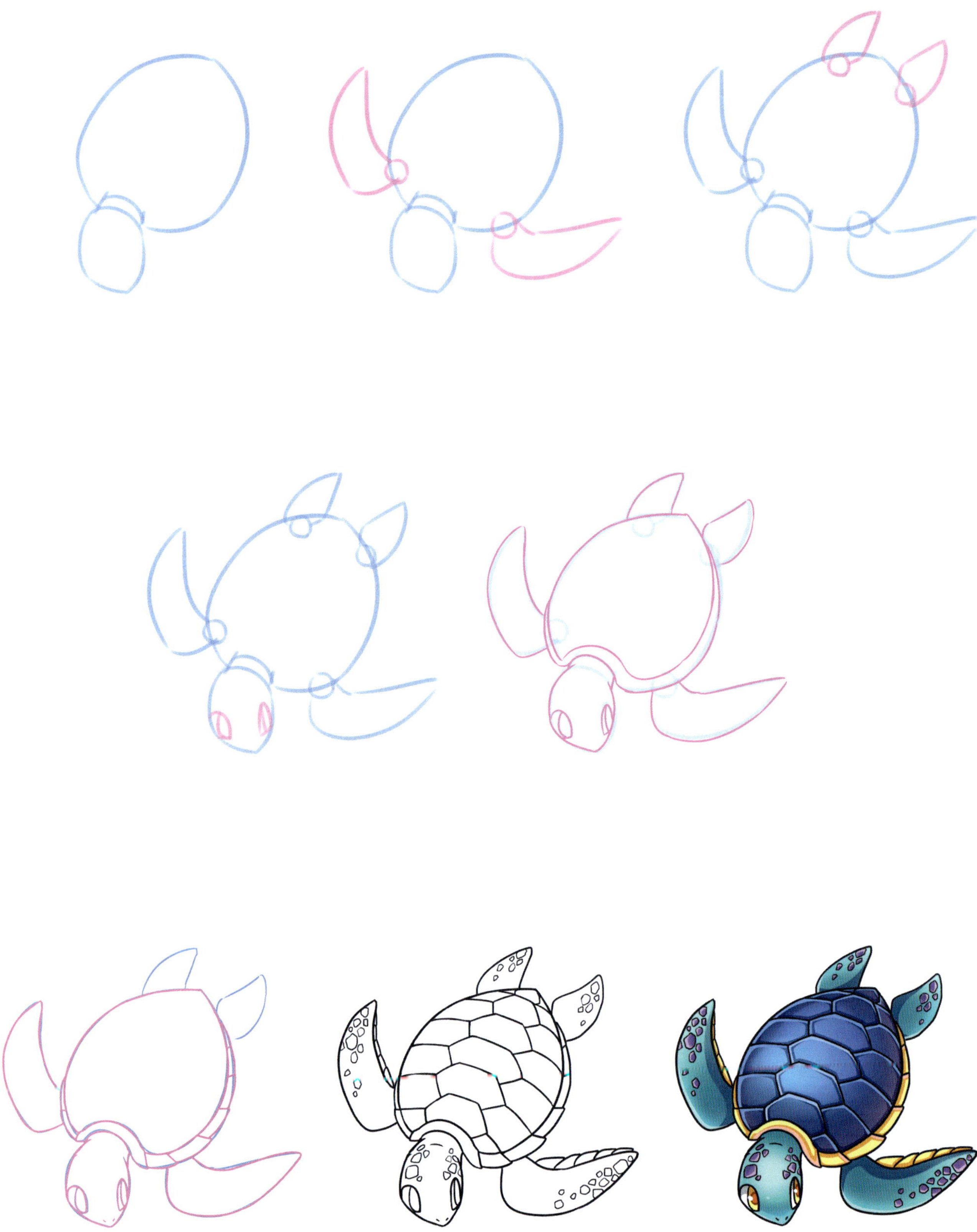

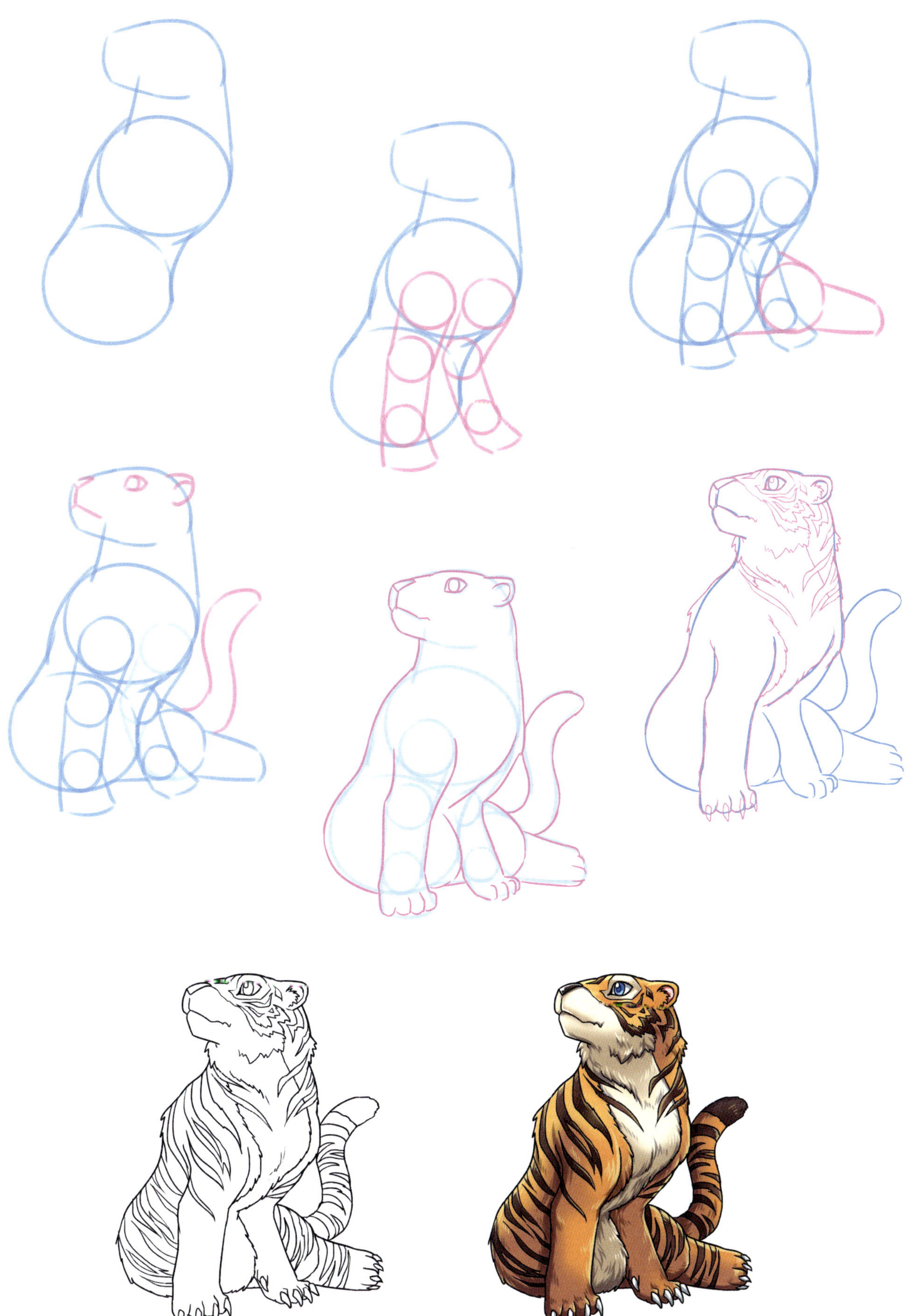

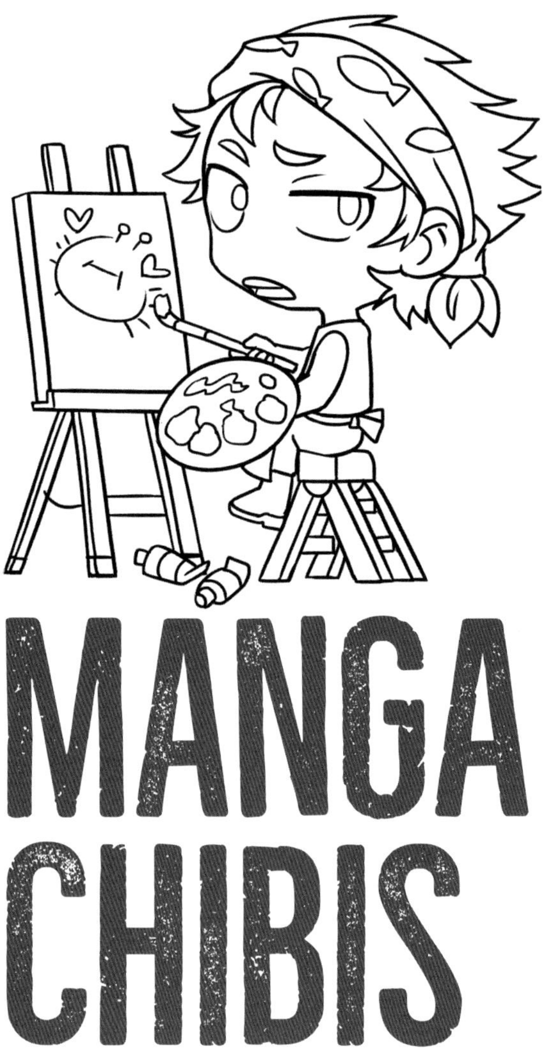

MANGA CHIBIS

Chibi ist ein japanischer Begriff, der »kleine Person« bedeutet und zudem einen einfachen, niedlichen Manga-Stil darstellt. Denn Chibis sind auf die entzückendste Art und Weise »verformt« – riesige Augen, winzige Nase (oder keine Nase), kindliche kleine Körper und das alles sehr ausdrucksstark. Der Chibi-Stil wird vor allem für lustige und niedliche Szenen verwendet.

Chibis sind im Vergleich zu anderen Manga-Charakteren leichter zu zeichnen, da ihr Körper einfacher aufgebaut und ihre Gesichter stilisierter sind. Deswegen sind Chibis genau die richtige Vorlage, um das Manga-Zeichnen zu lernen.

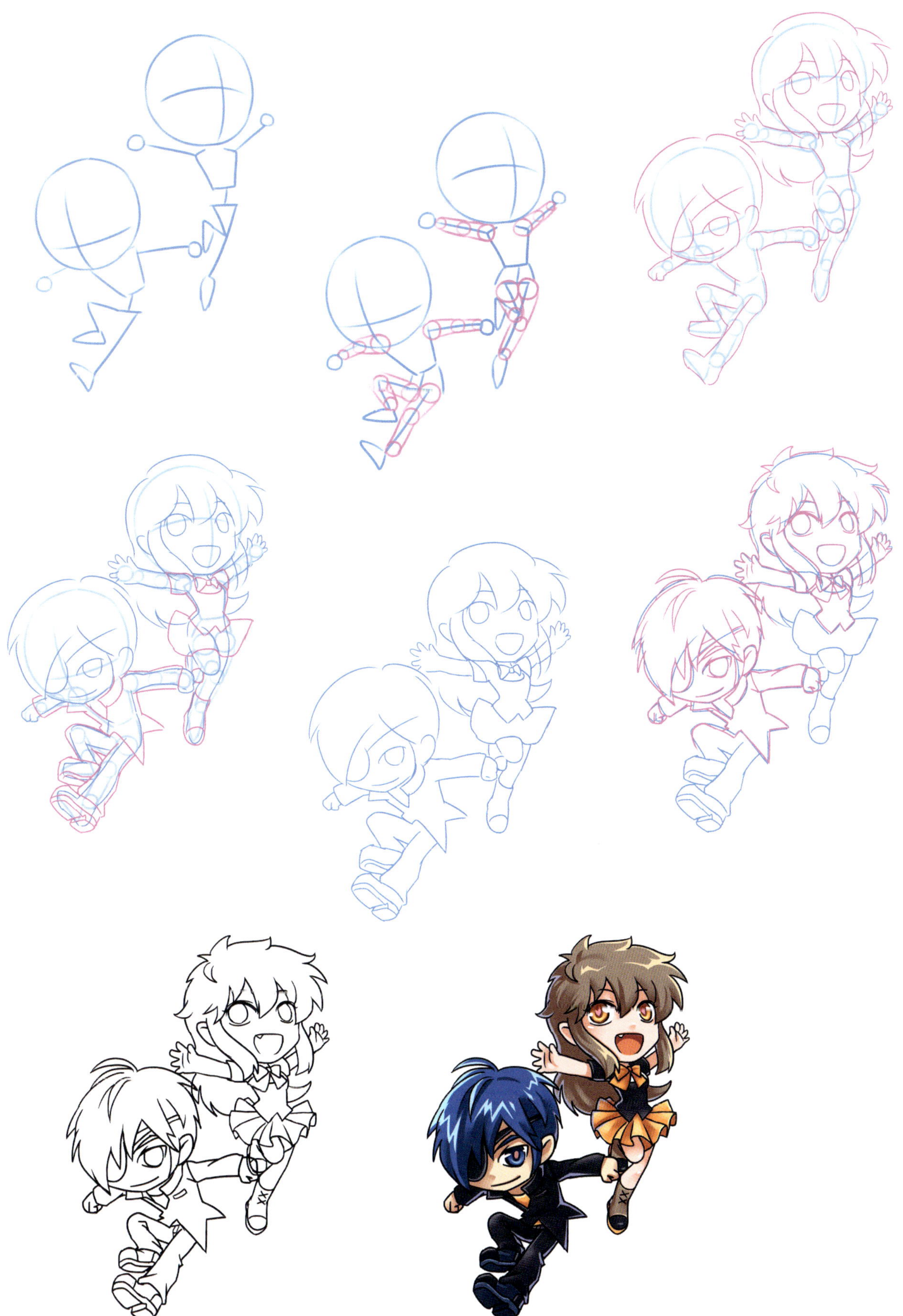

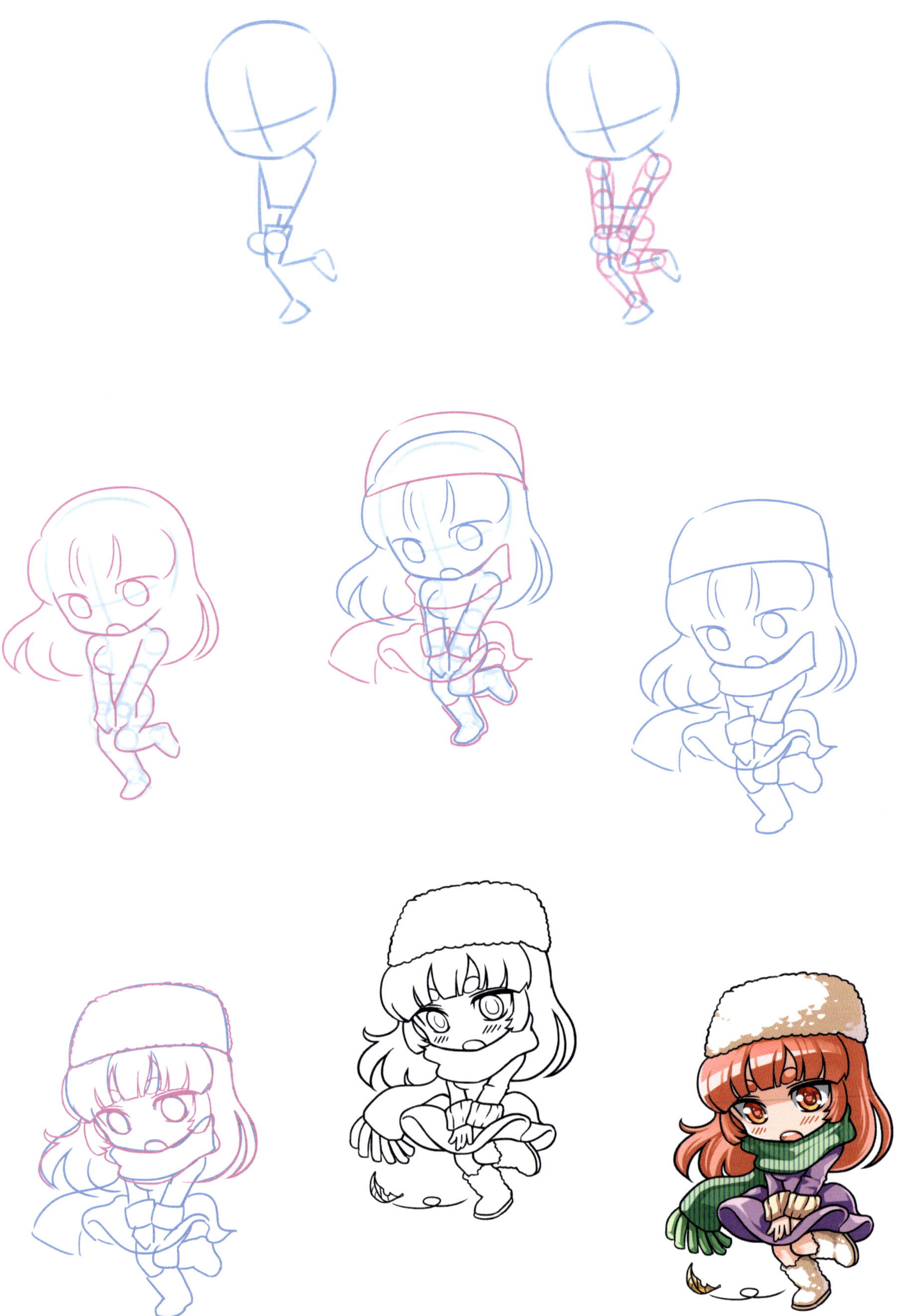

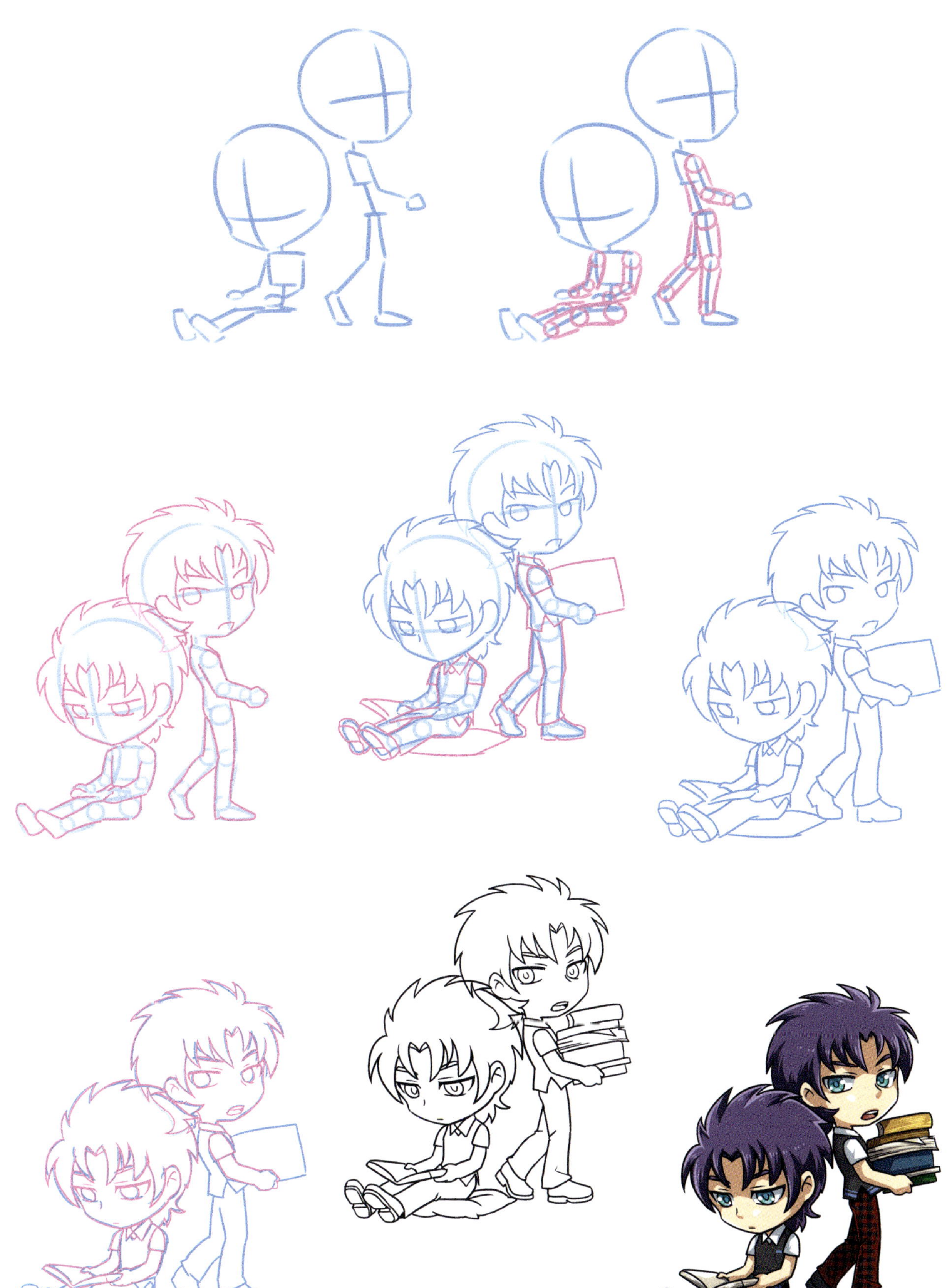

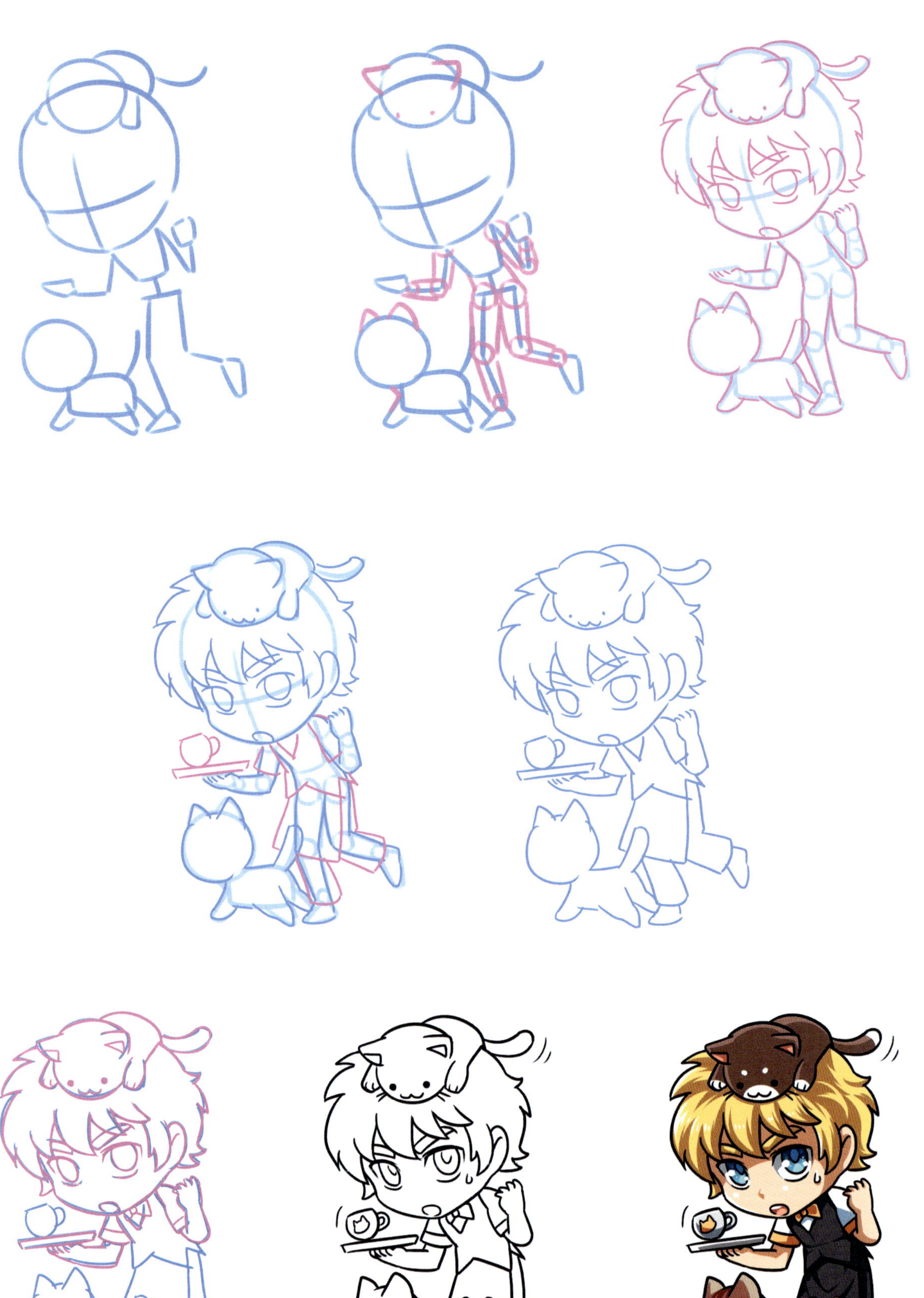

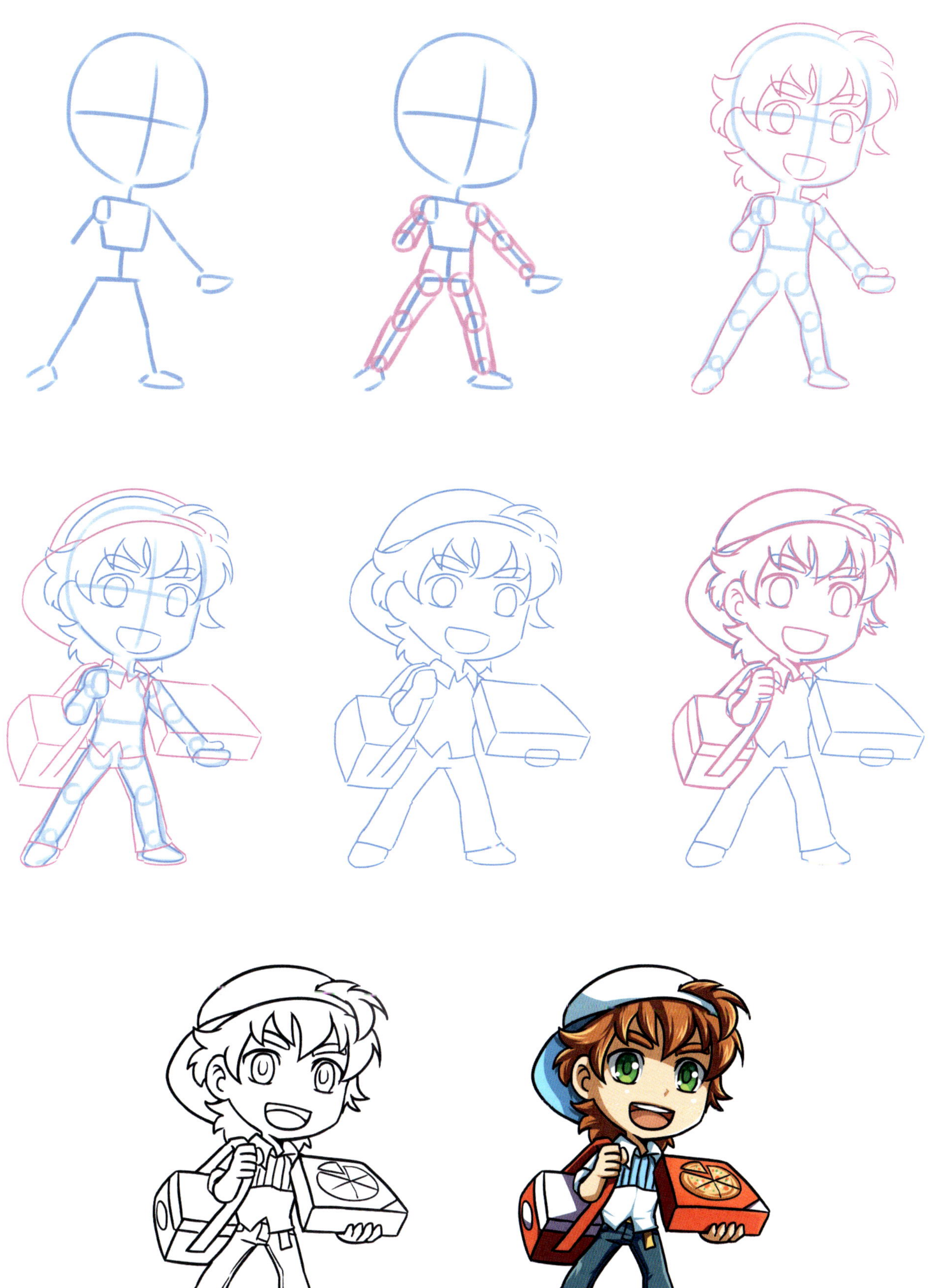

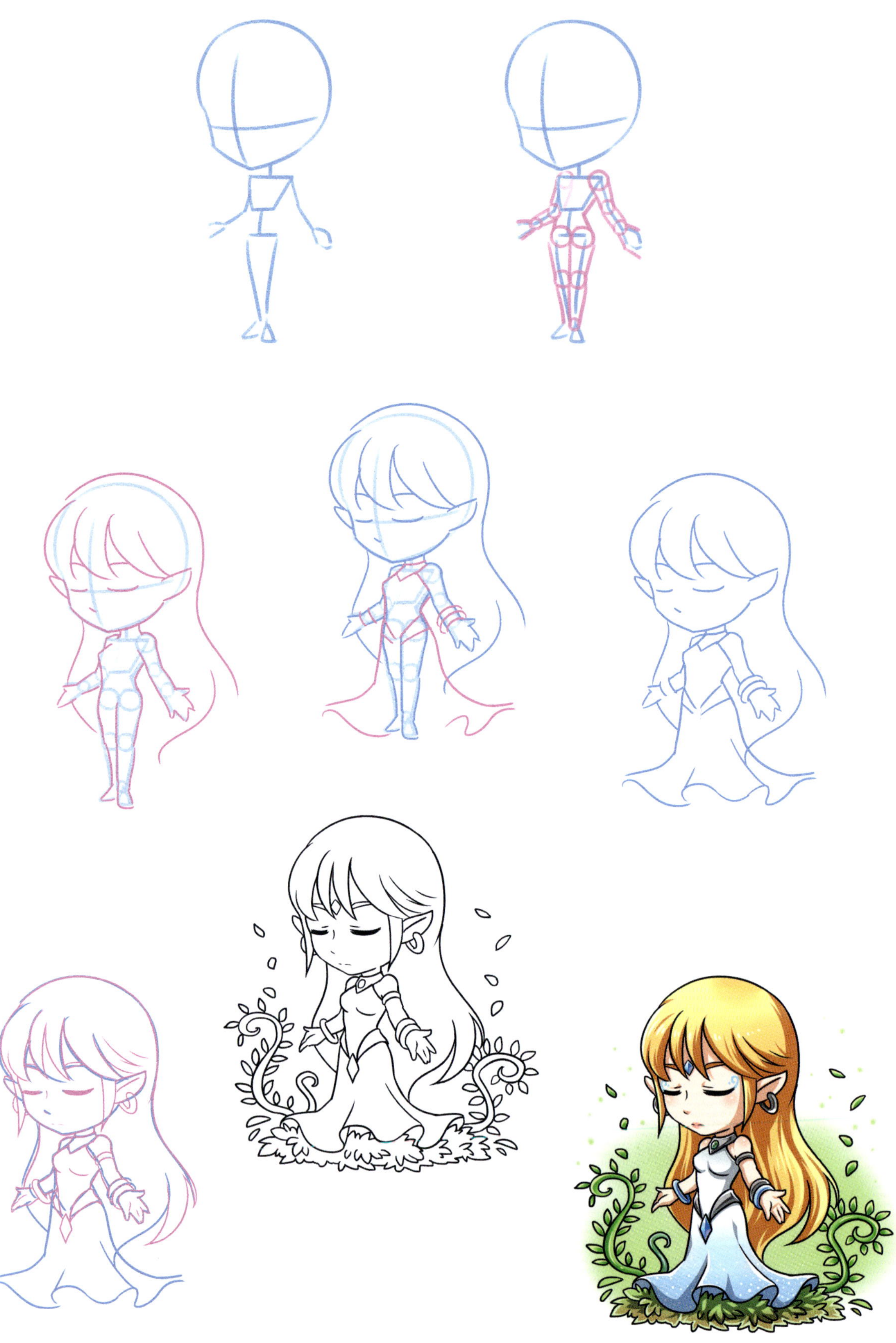

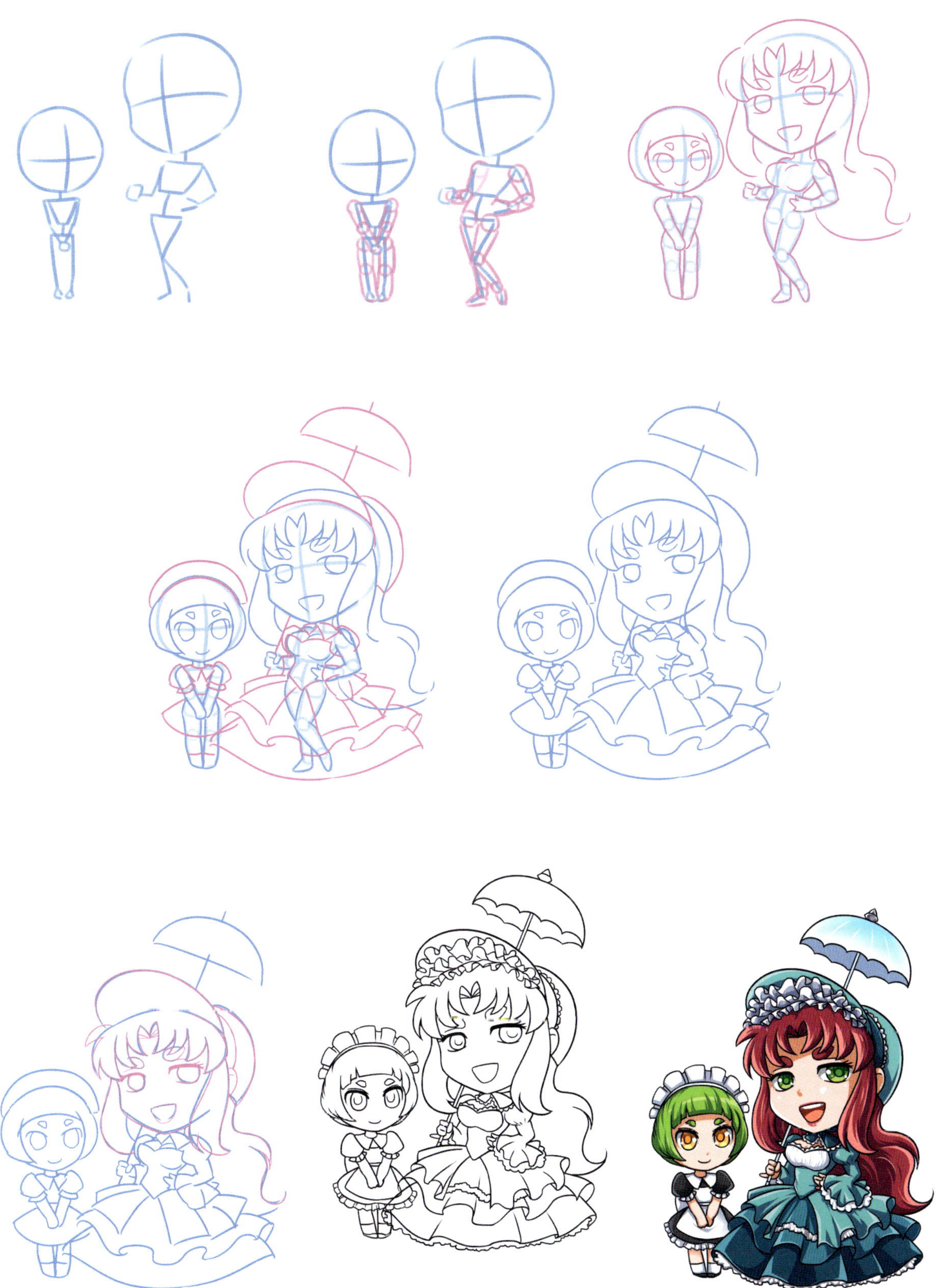

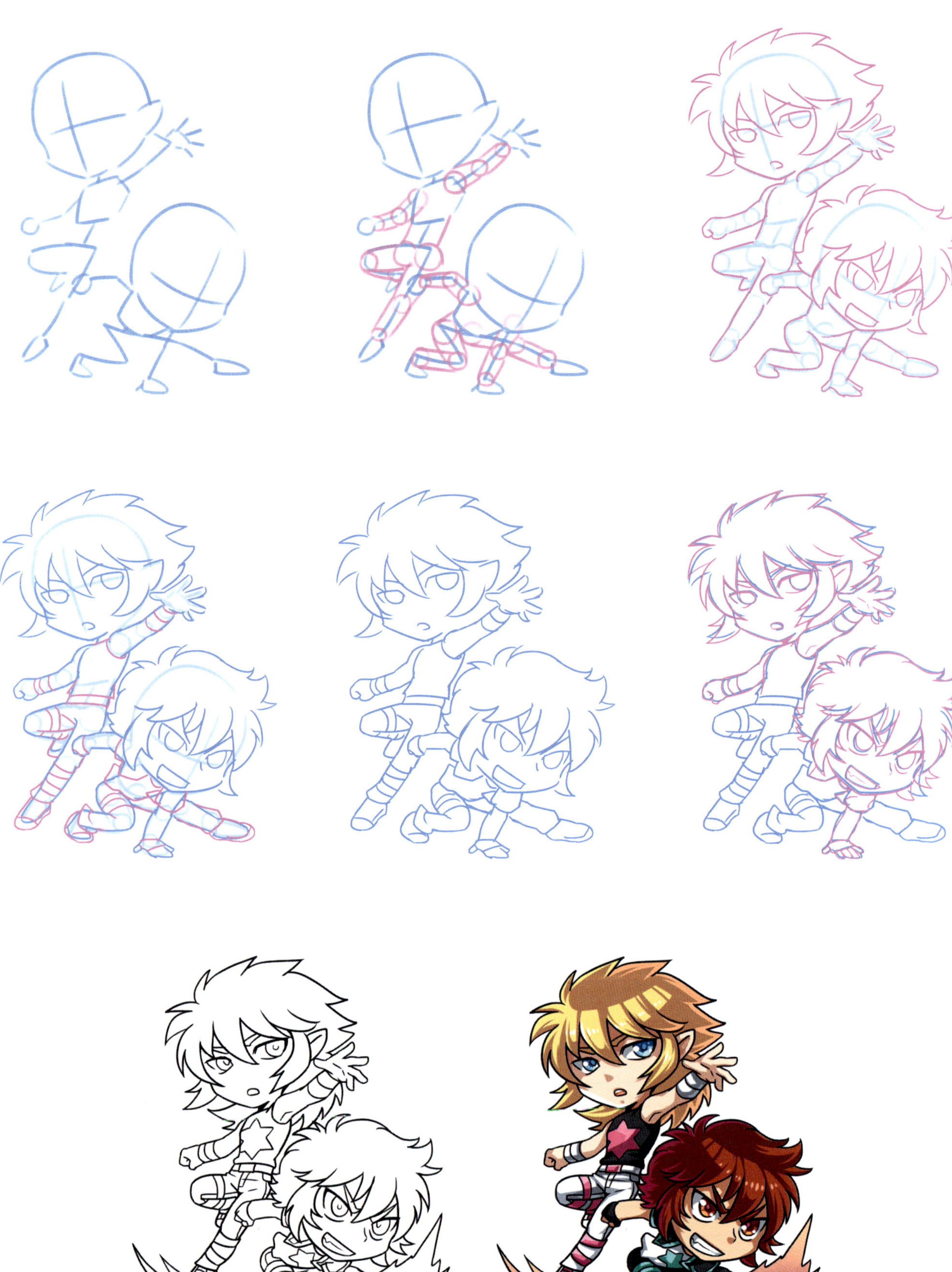

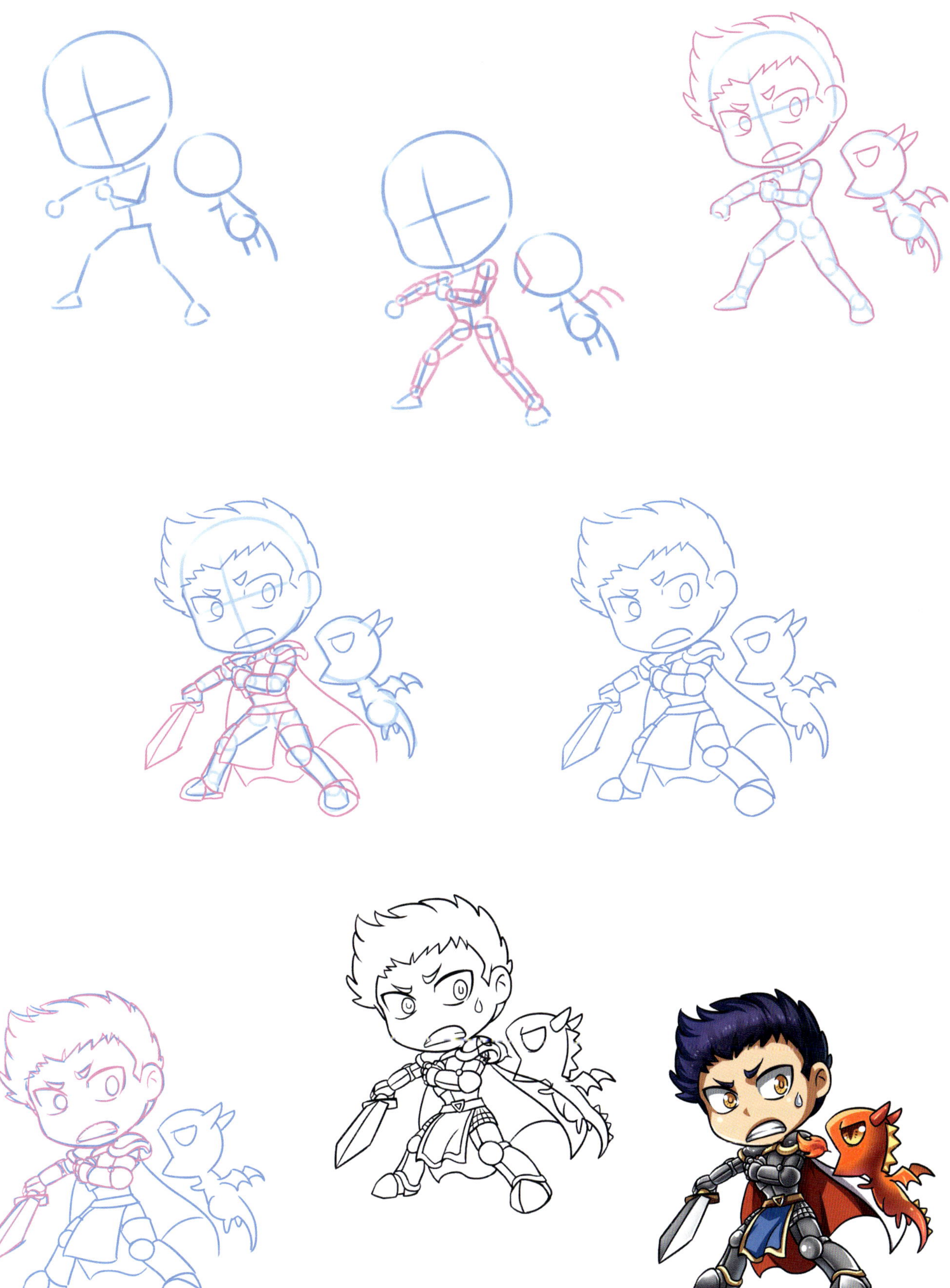

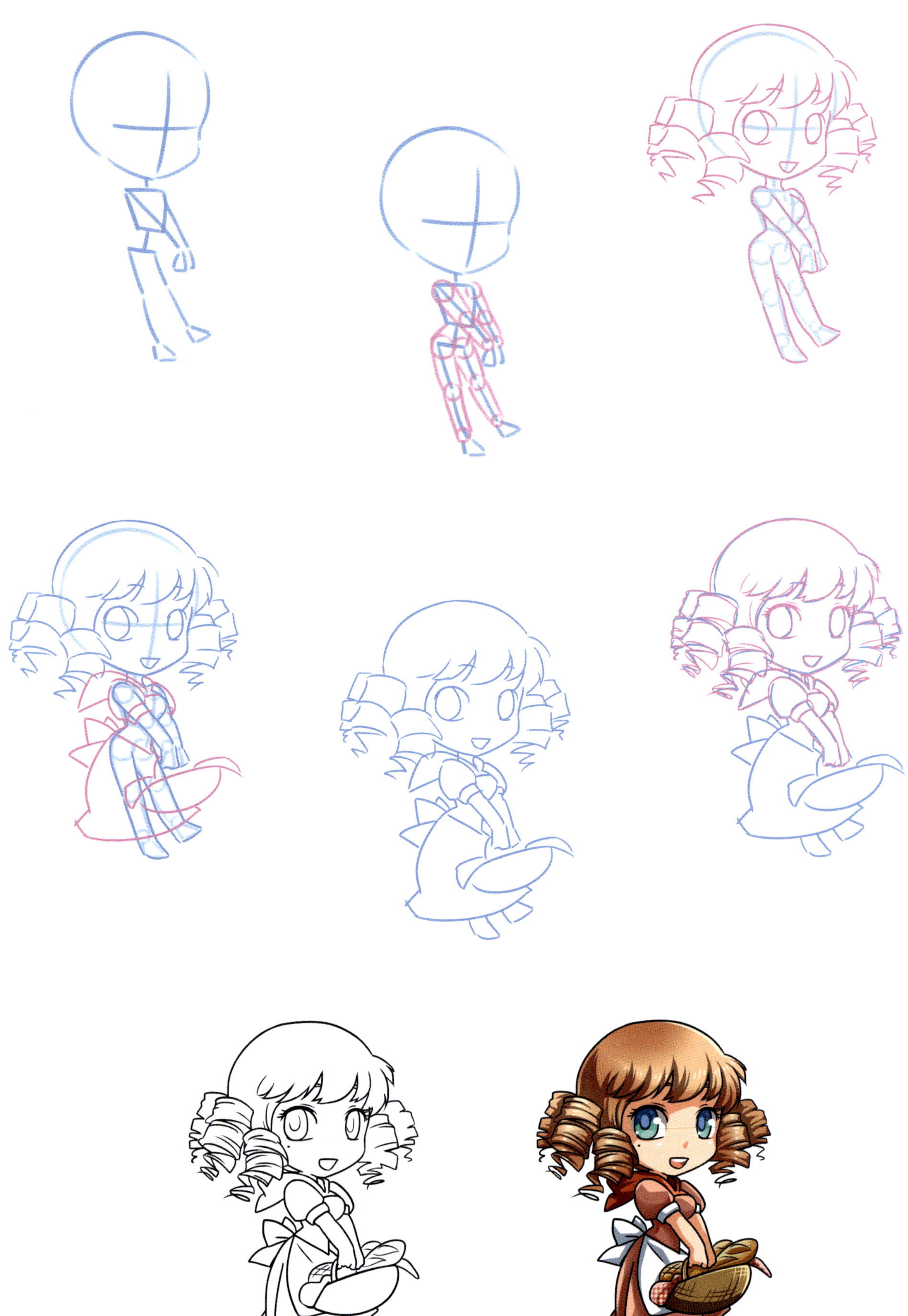

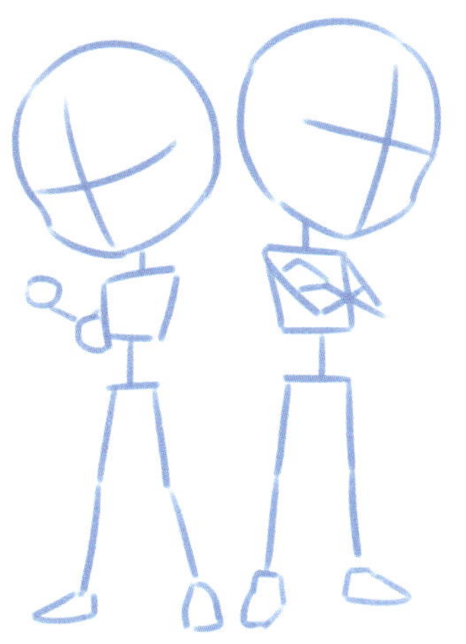
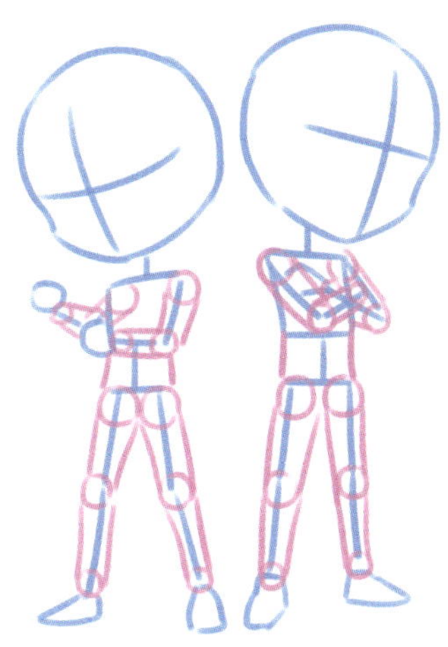
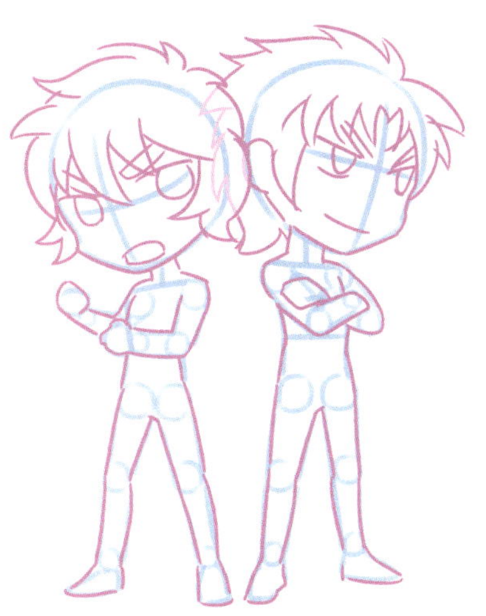
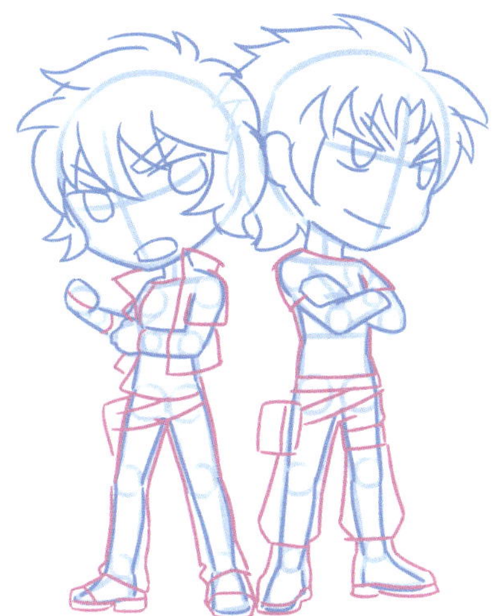
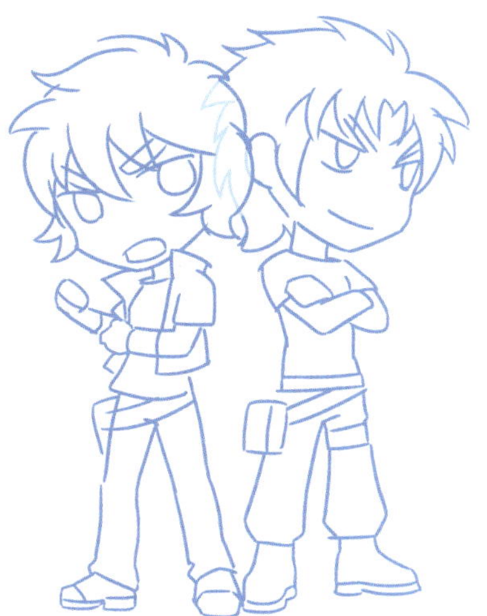
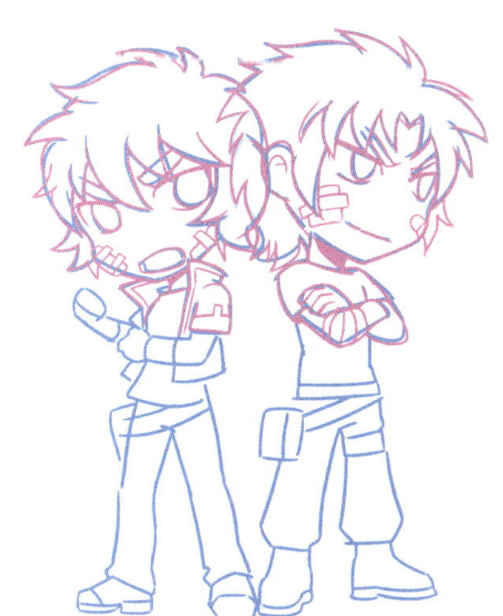
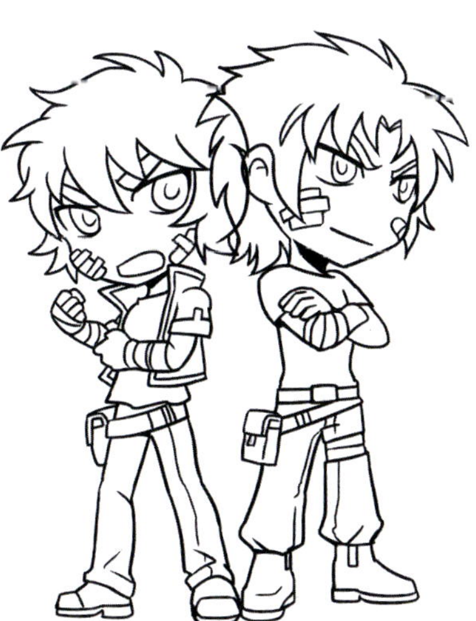
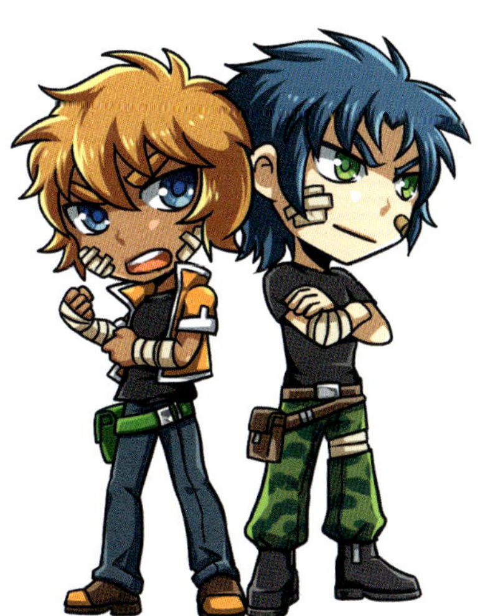

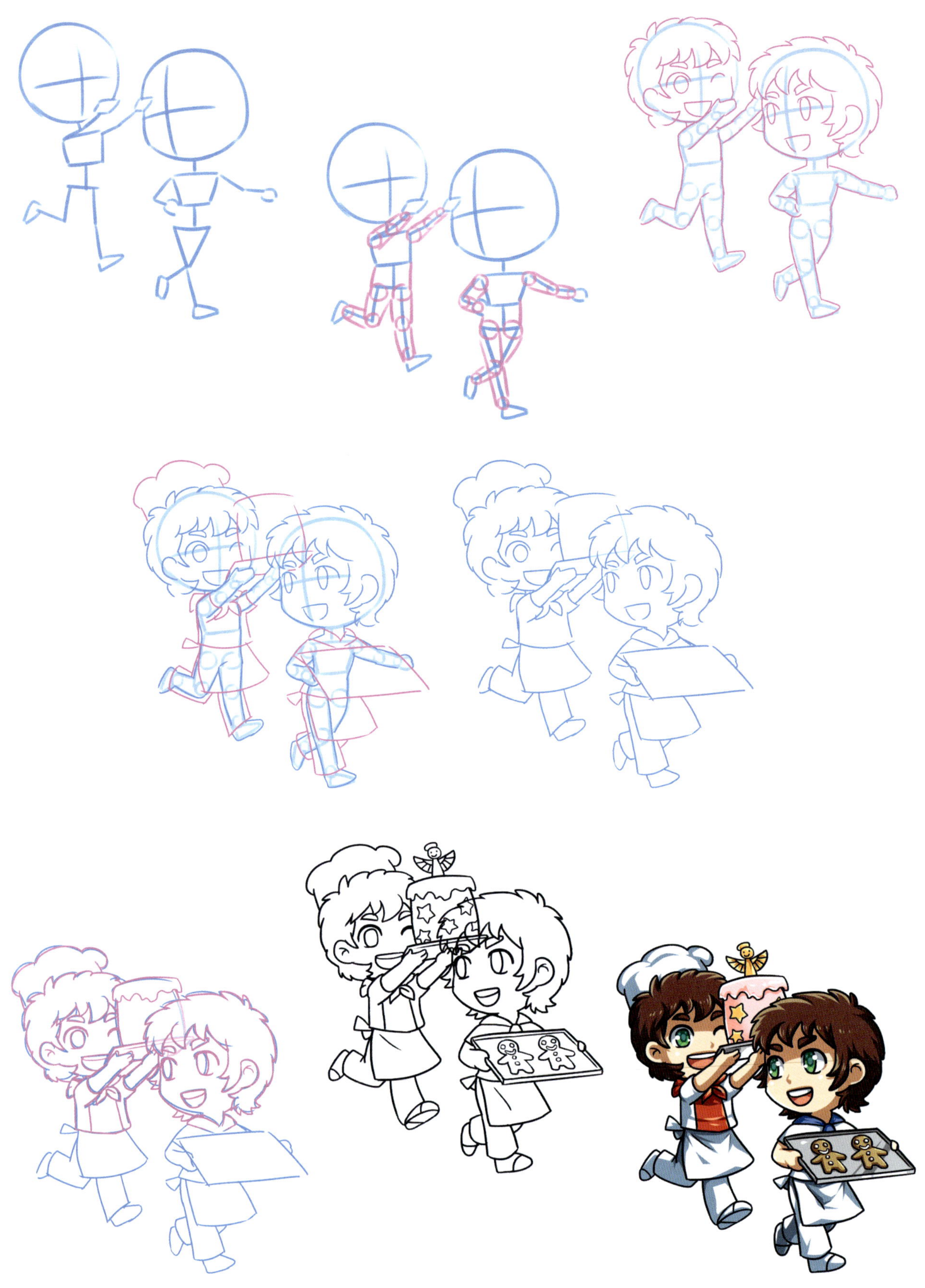

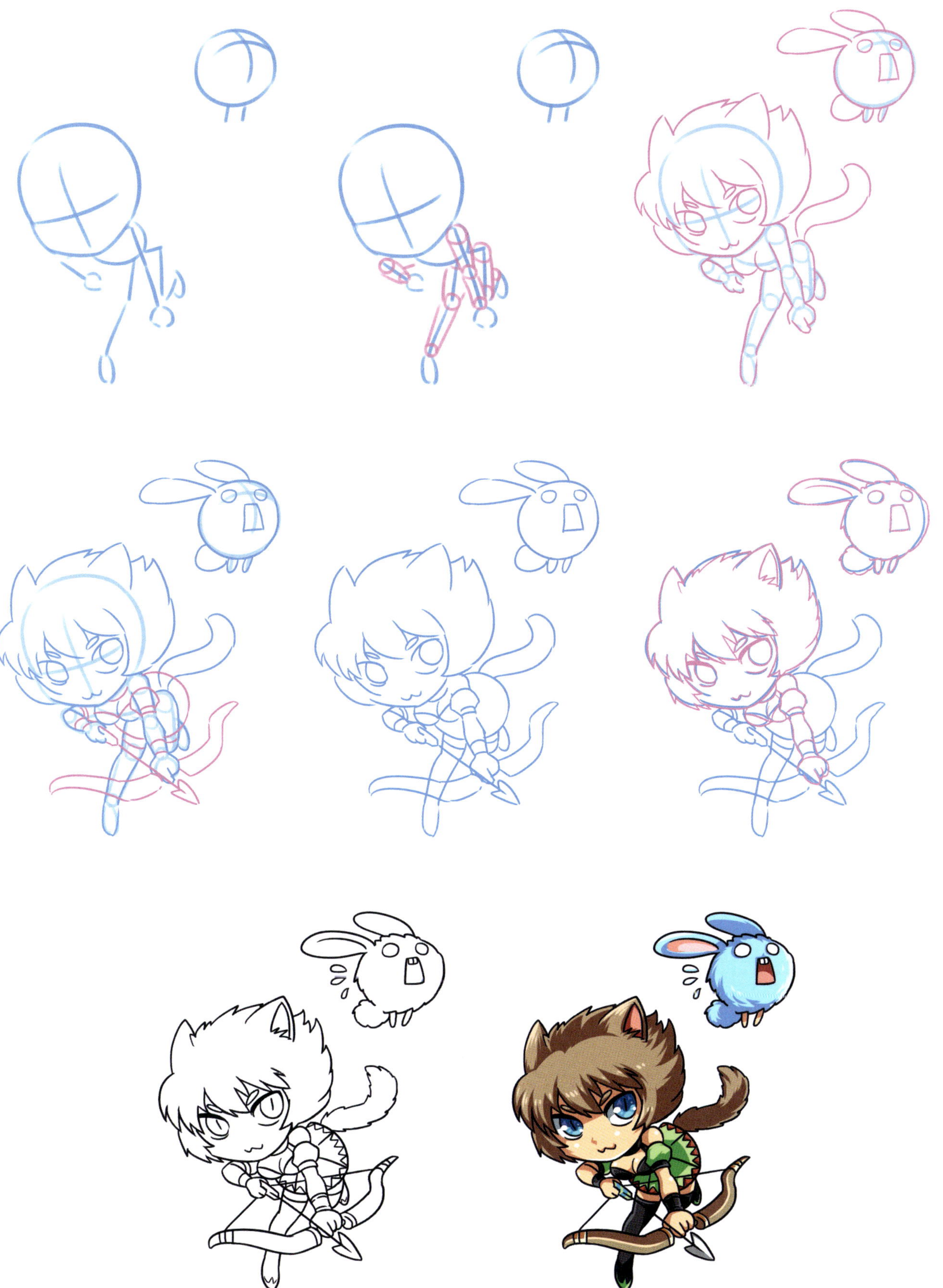

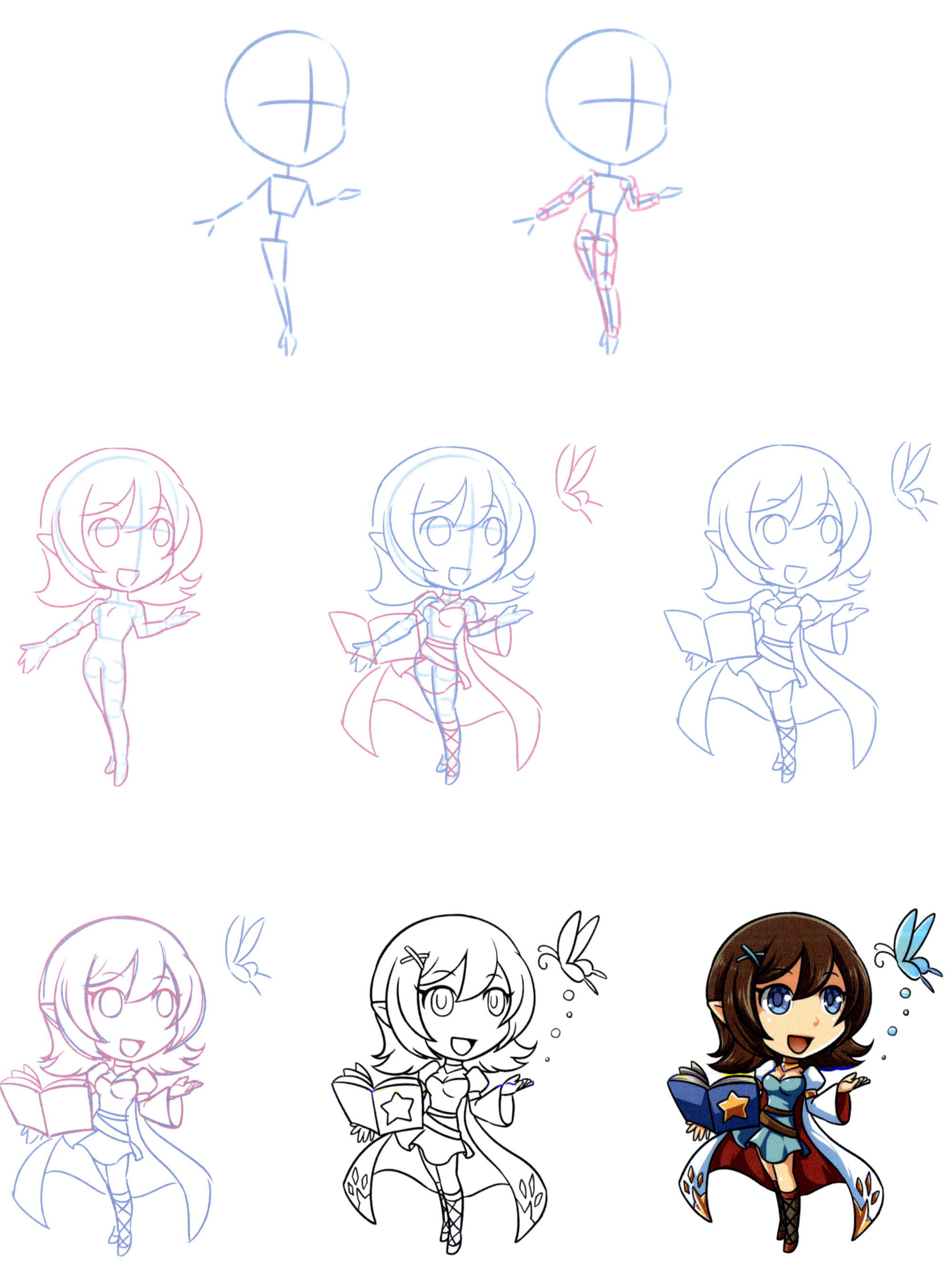

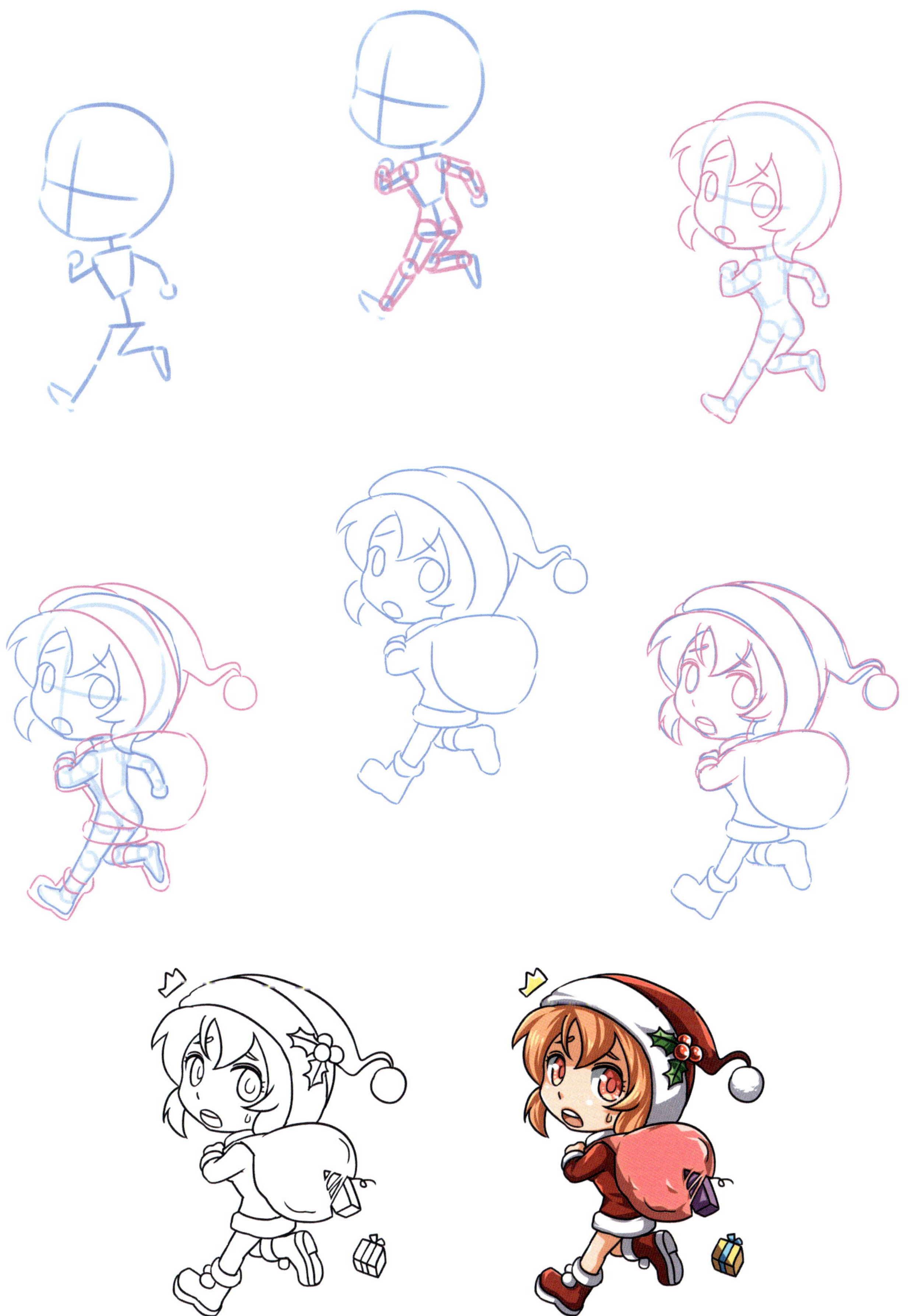

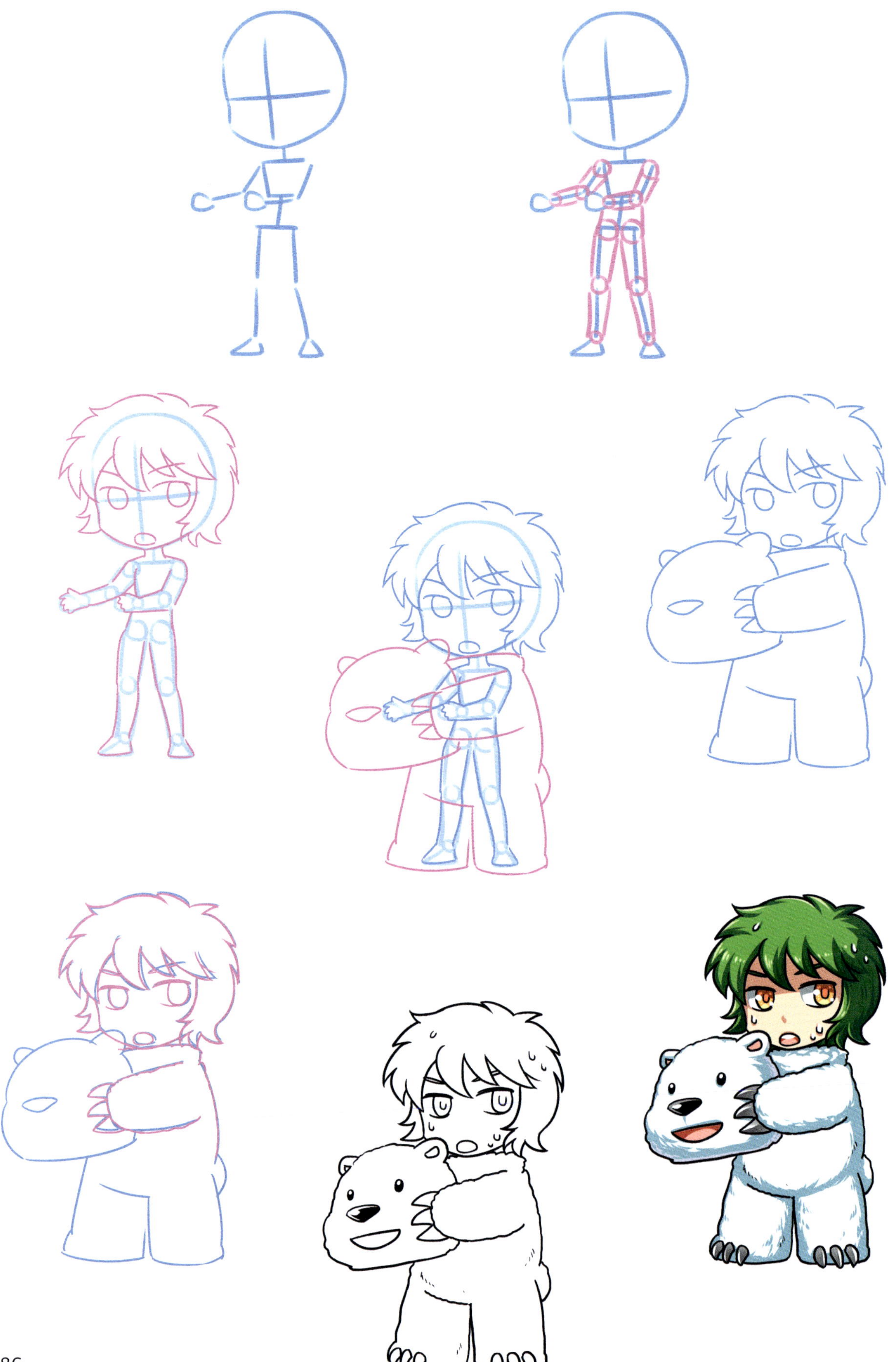

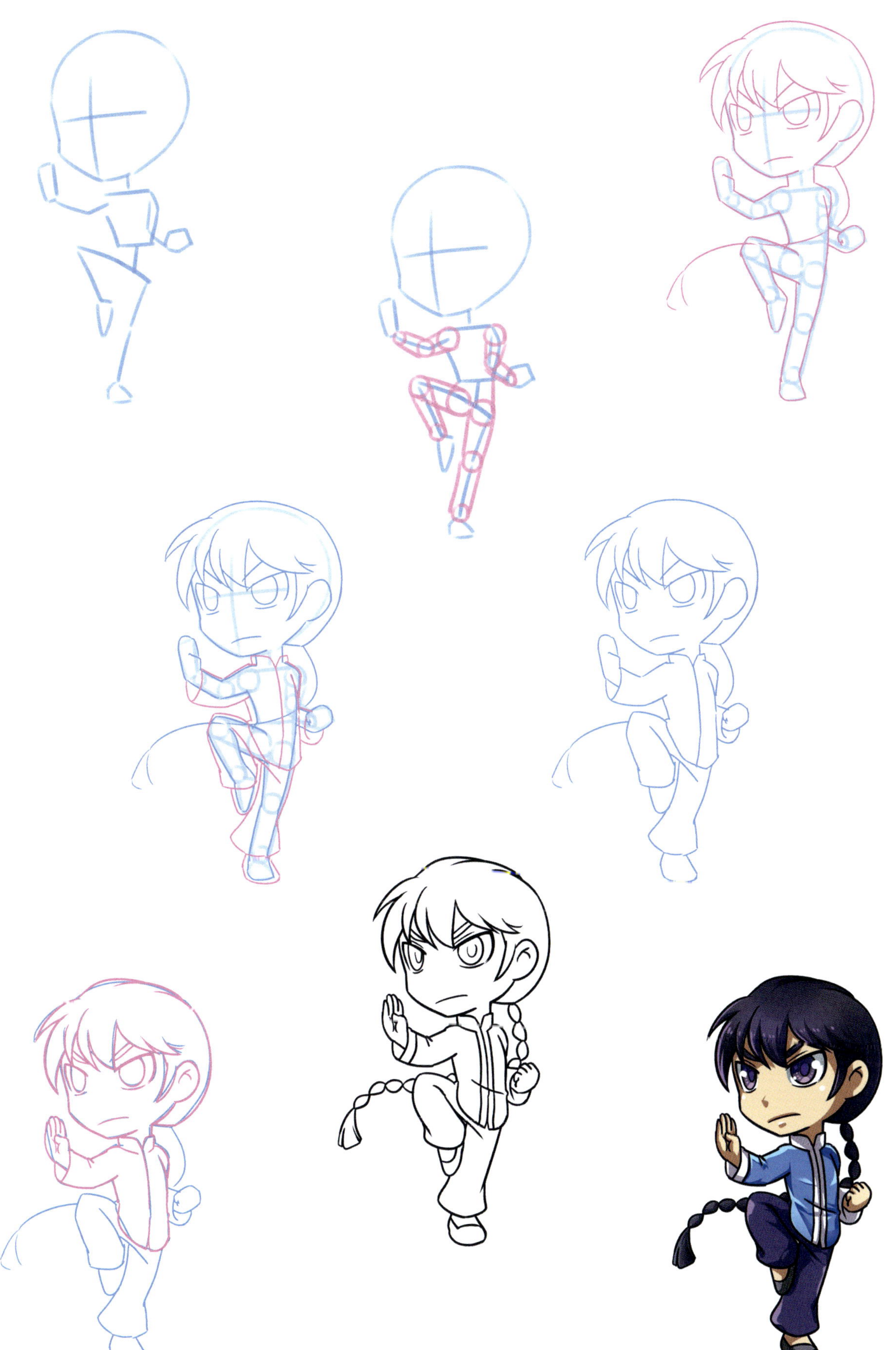

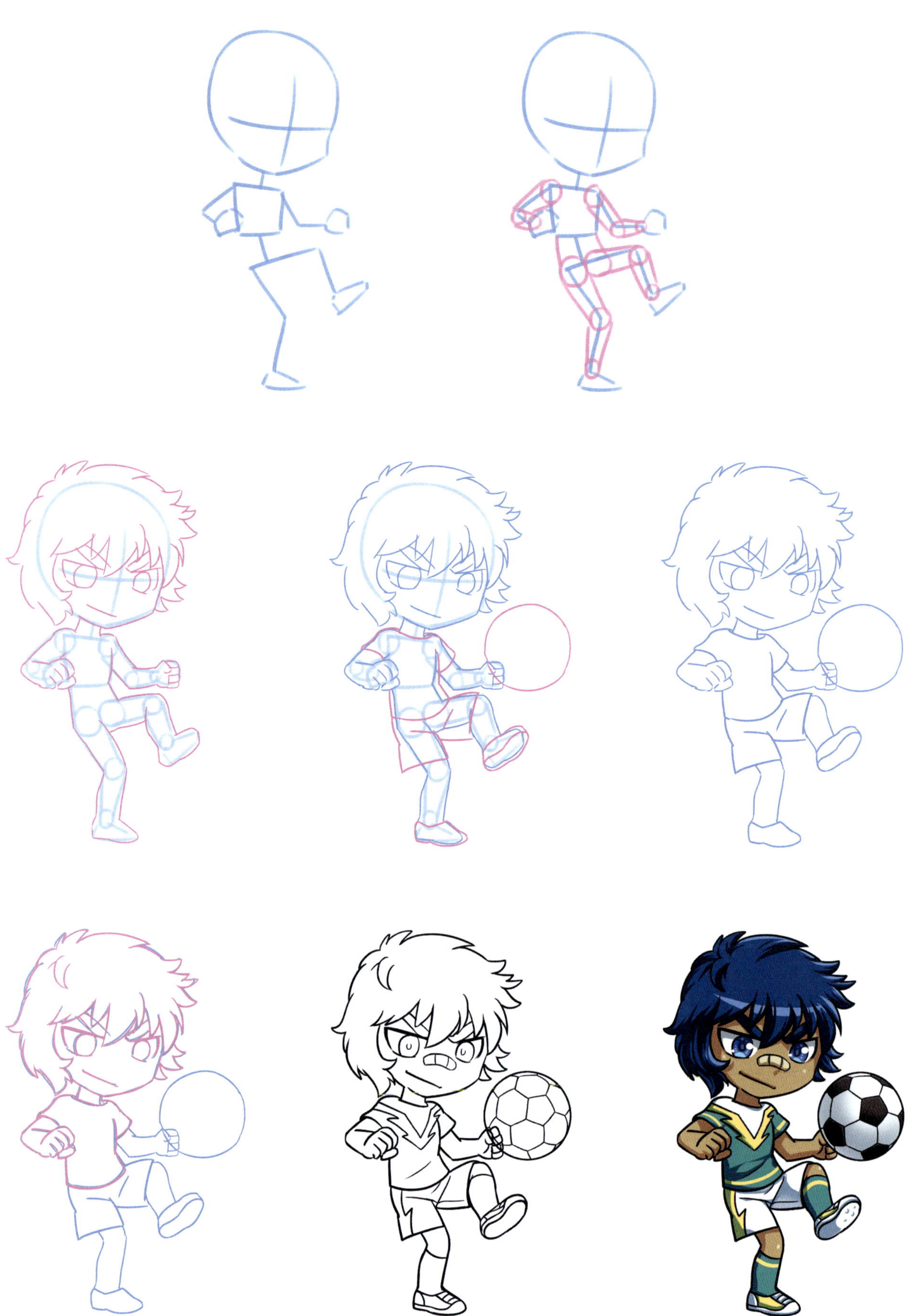

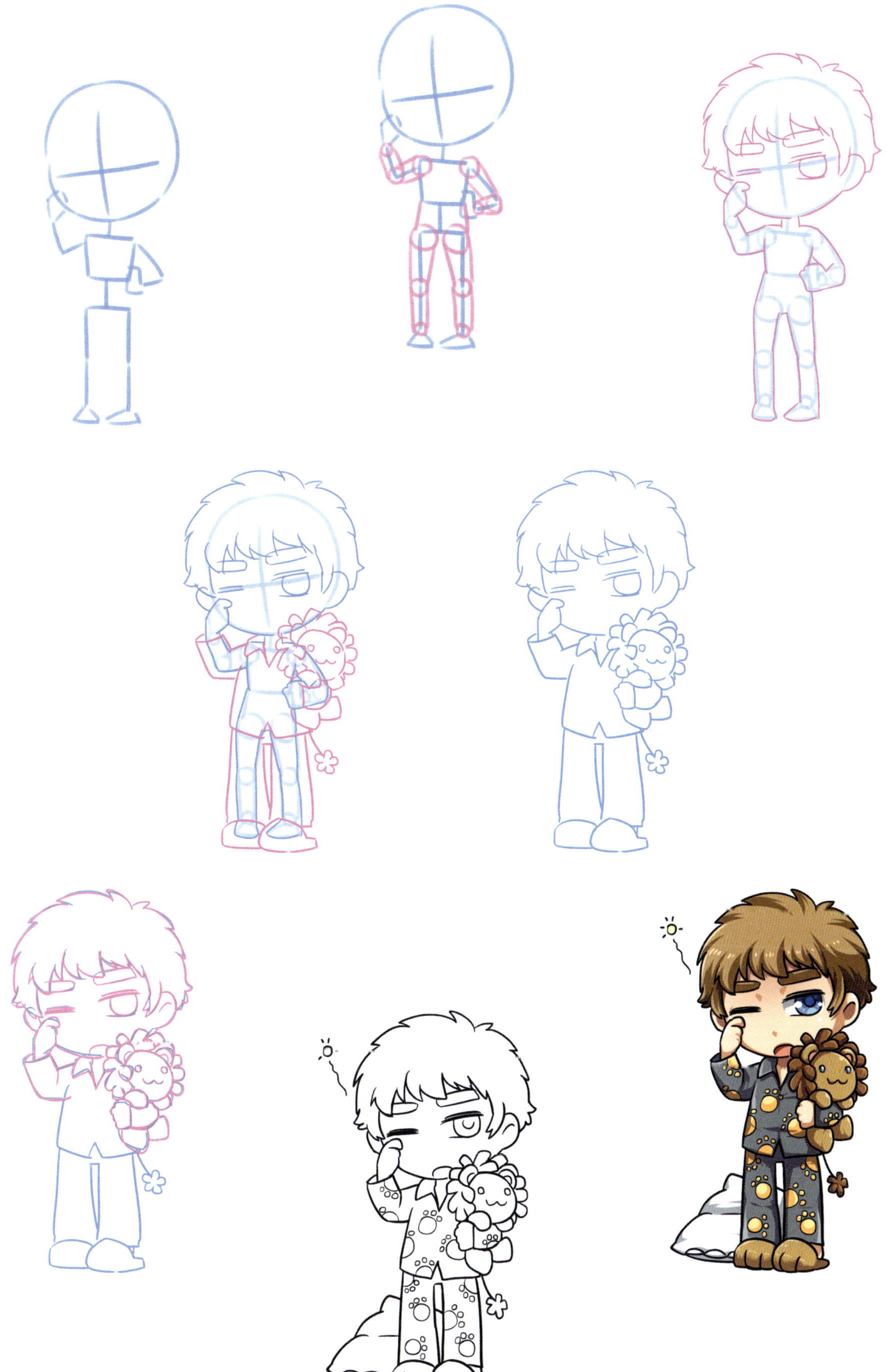

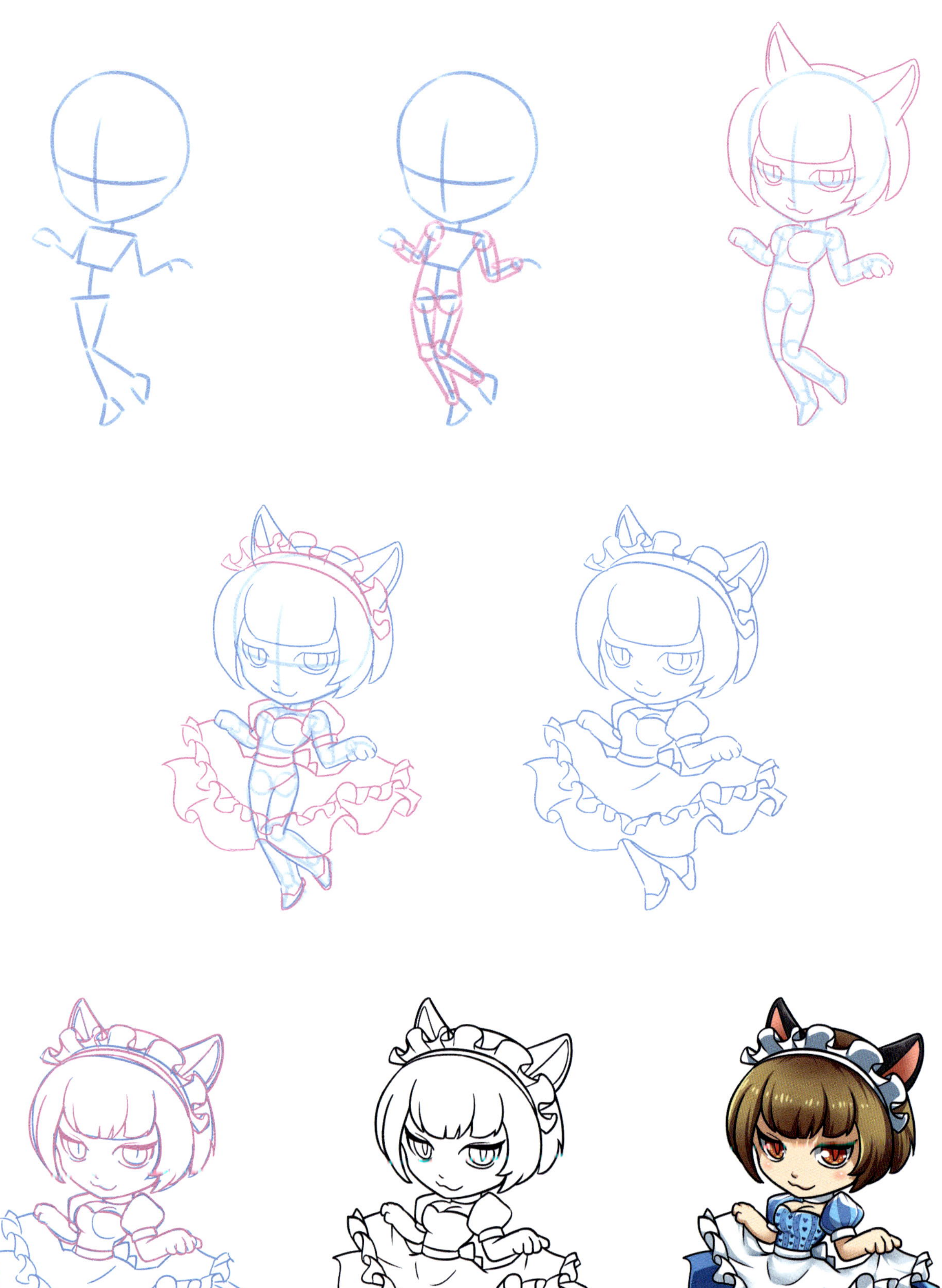

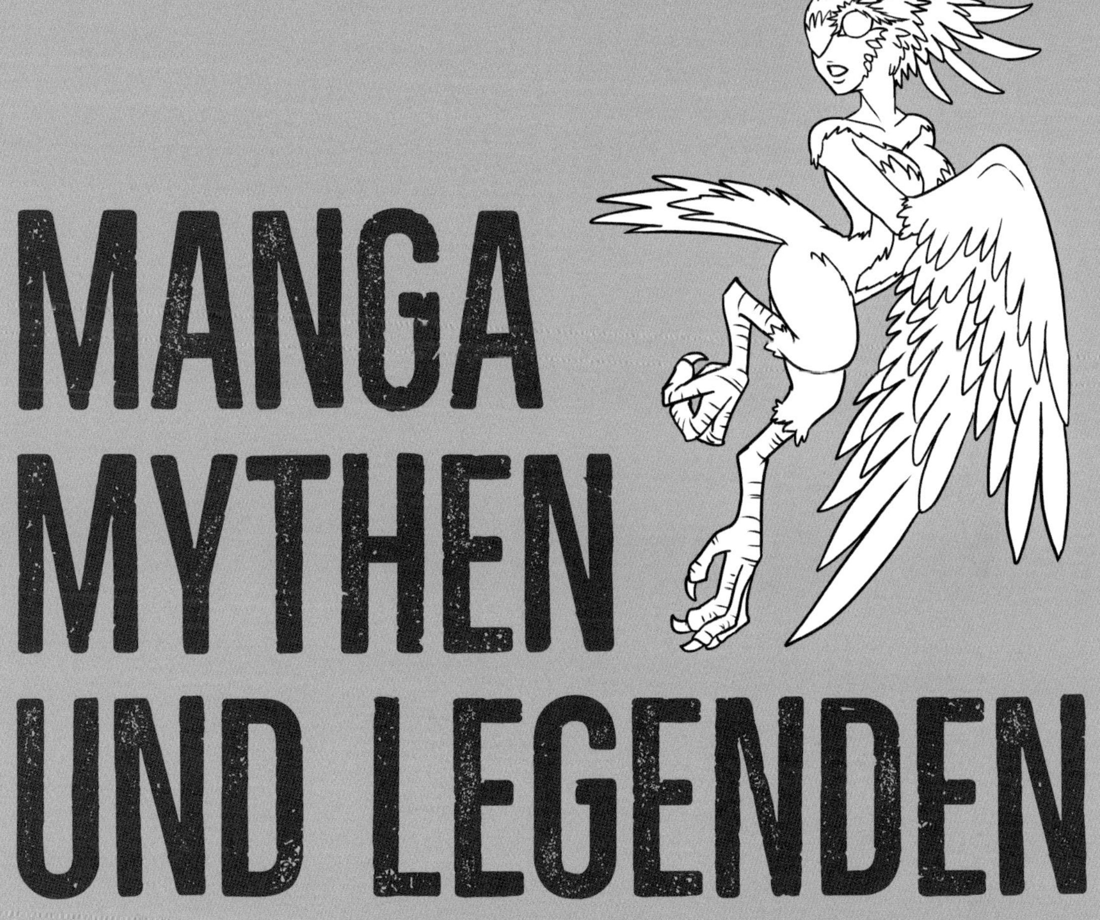

MANGA MYTHEN UND LEGENDEN

In diesem letzten Kapitel möchte ich dir zeigen, wie du Manga-Figuren aus der Welt der Mythen und Legenden verschiedenster Kulturen zeichnen kannst. Viele dieser Kreaturen, Götter und Monster sind der eigenen Vorstellungskraft überlassen und so kannst du deiner wilden Fantasie freien Lauf lassen, um sie zu erschaffen!

Wenn du nun am Ende dieses Buchs alle Beispiele ausprobiert hast, höre bitte nicht auf. Jetzt geht es erst richtig los! Mach weiter, kombiniere die Elemente verschiedenster Figuren und erschaffe deine eigene, einzigartige Manga-Welt!

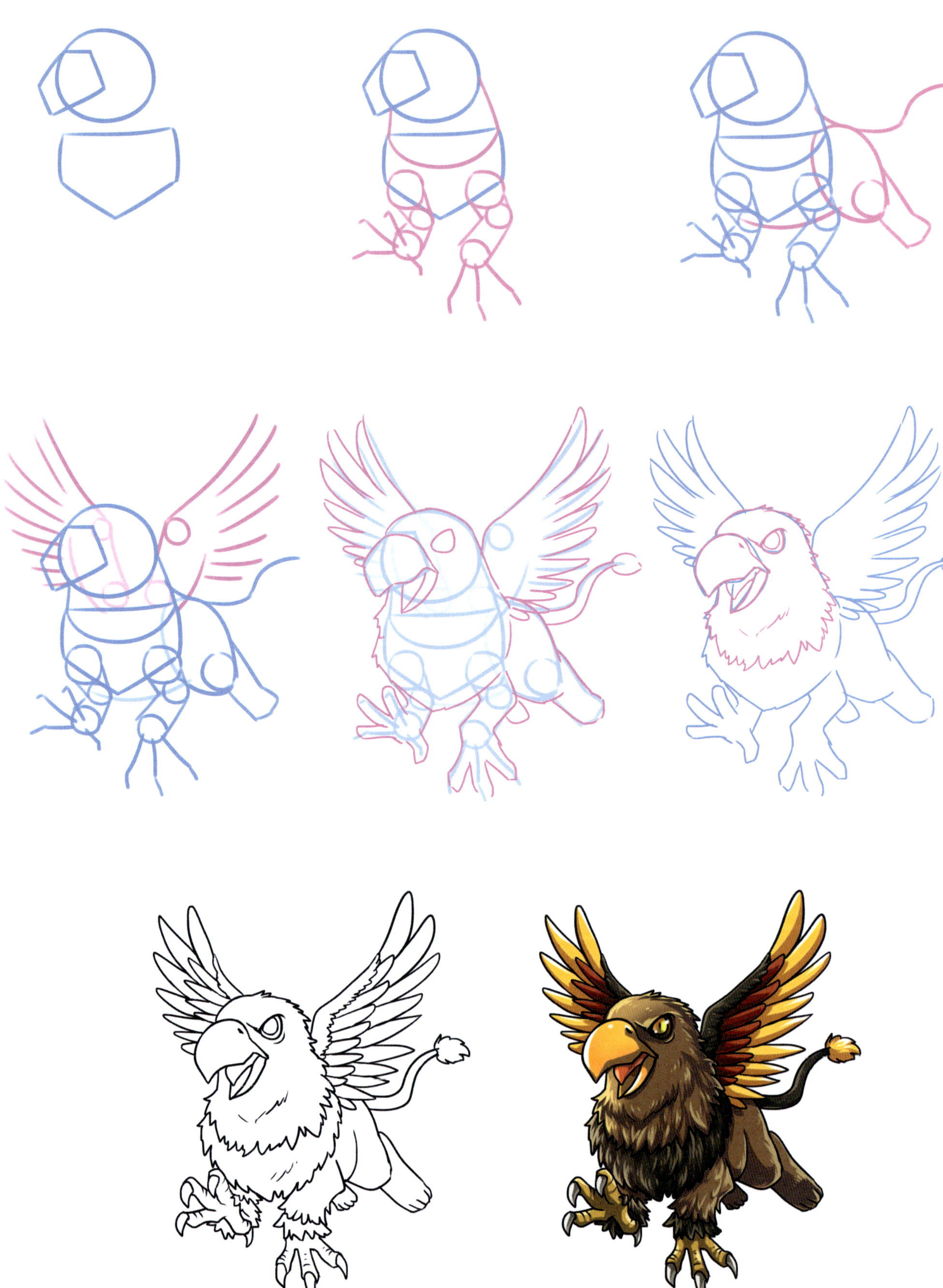

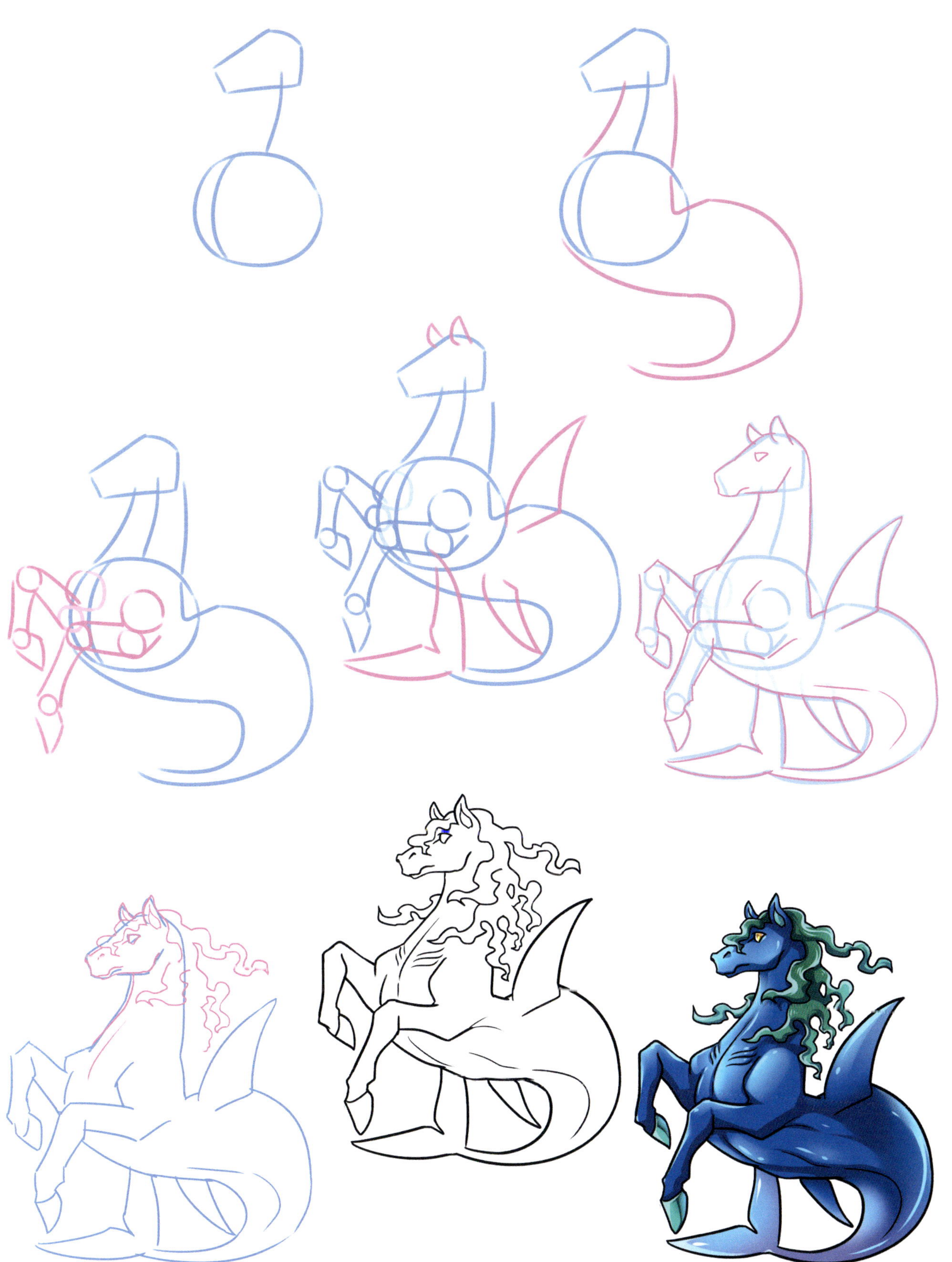

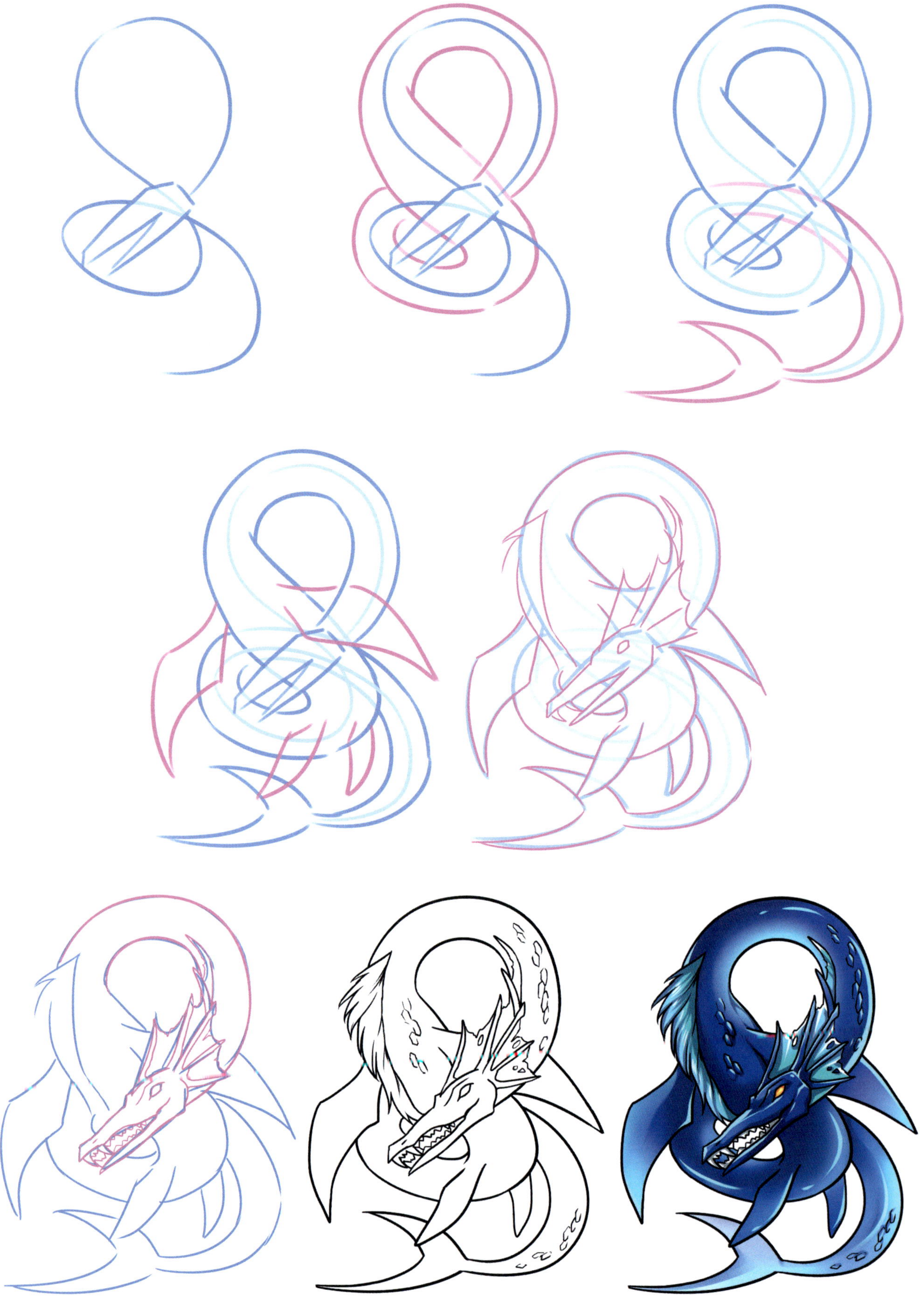

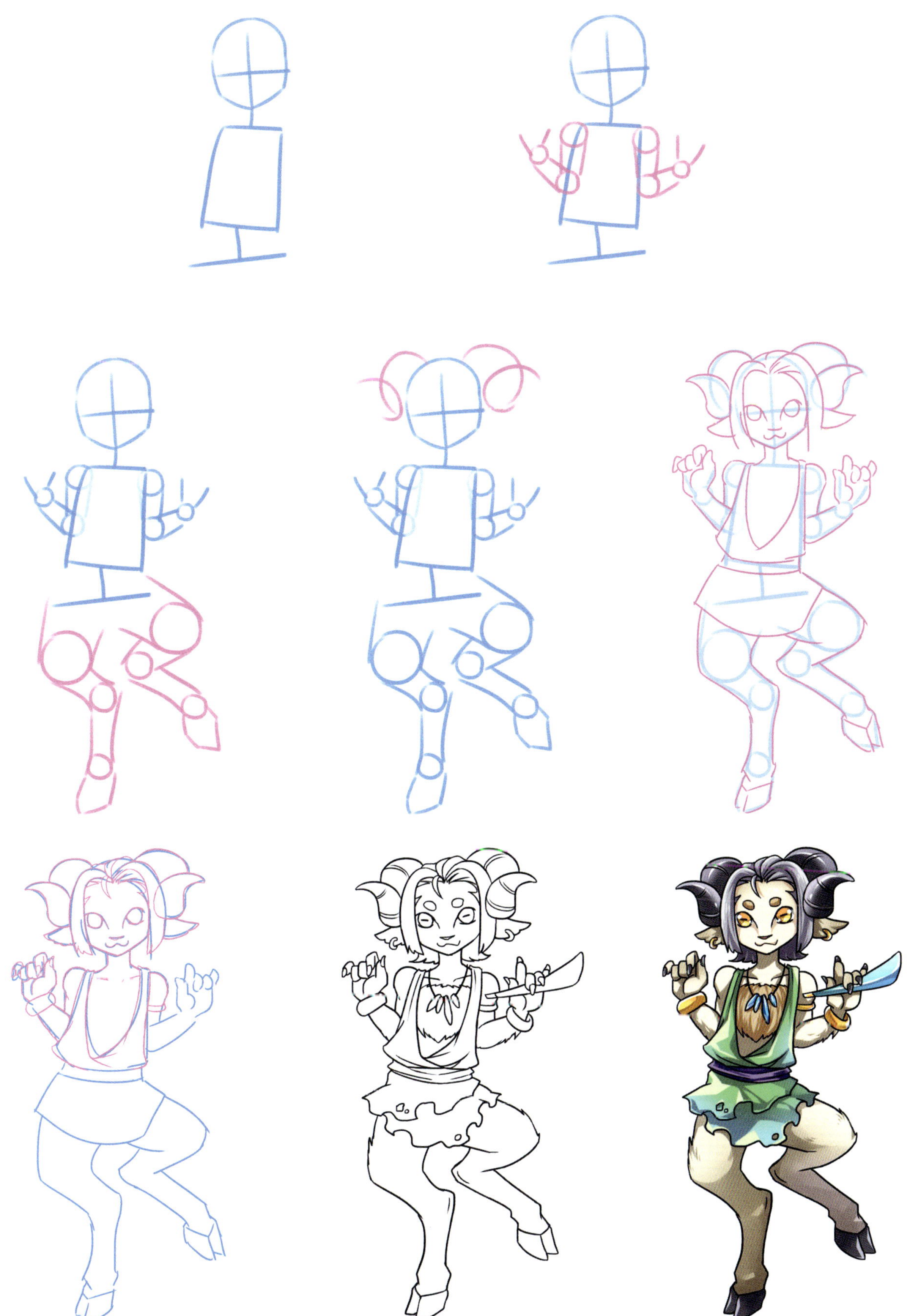

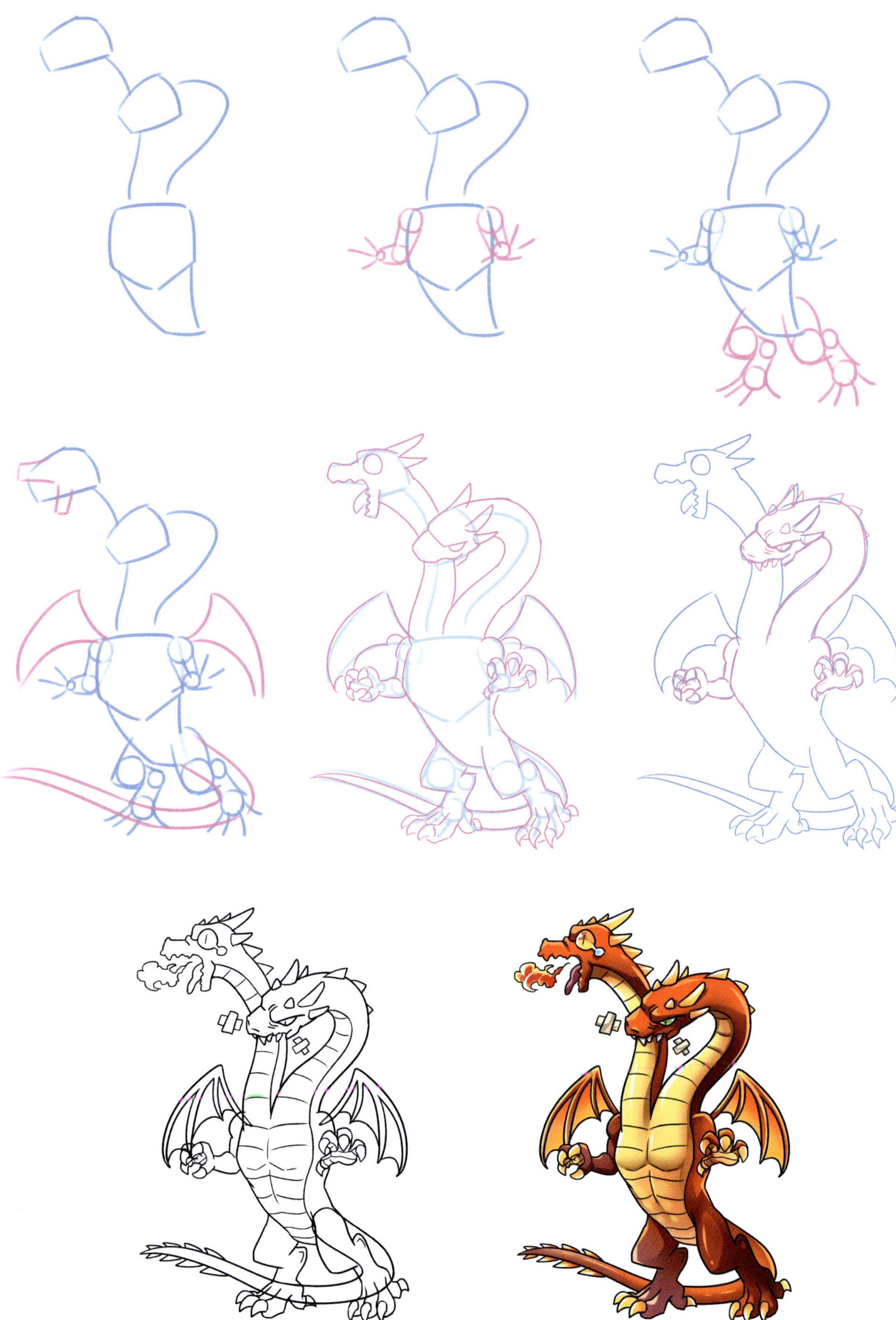

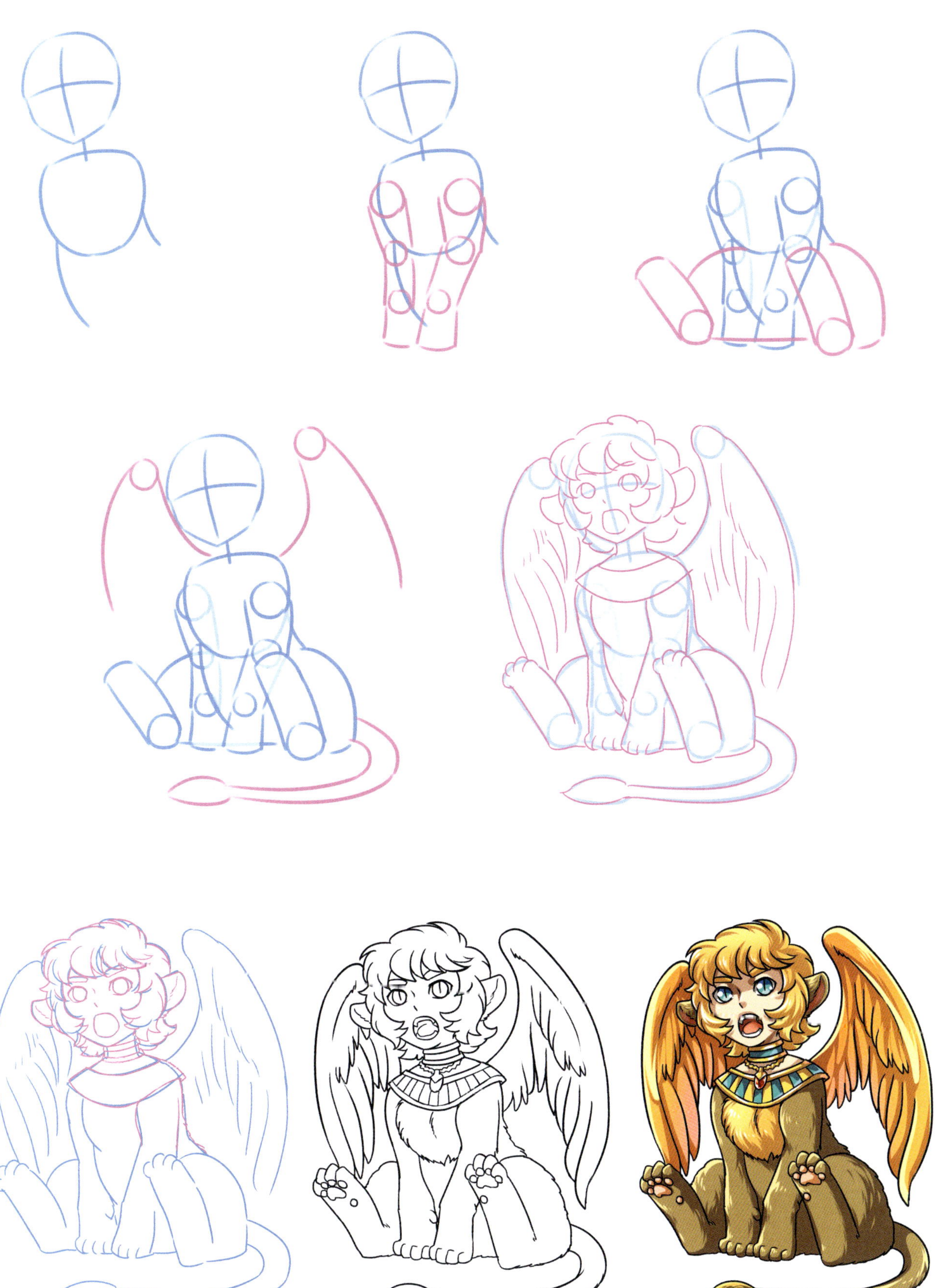

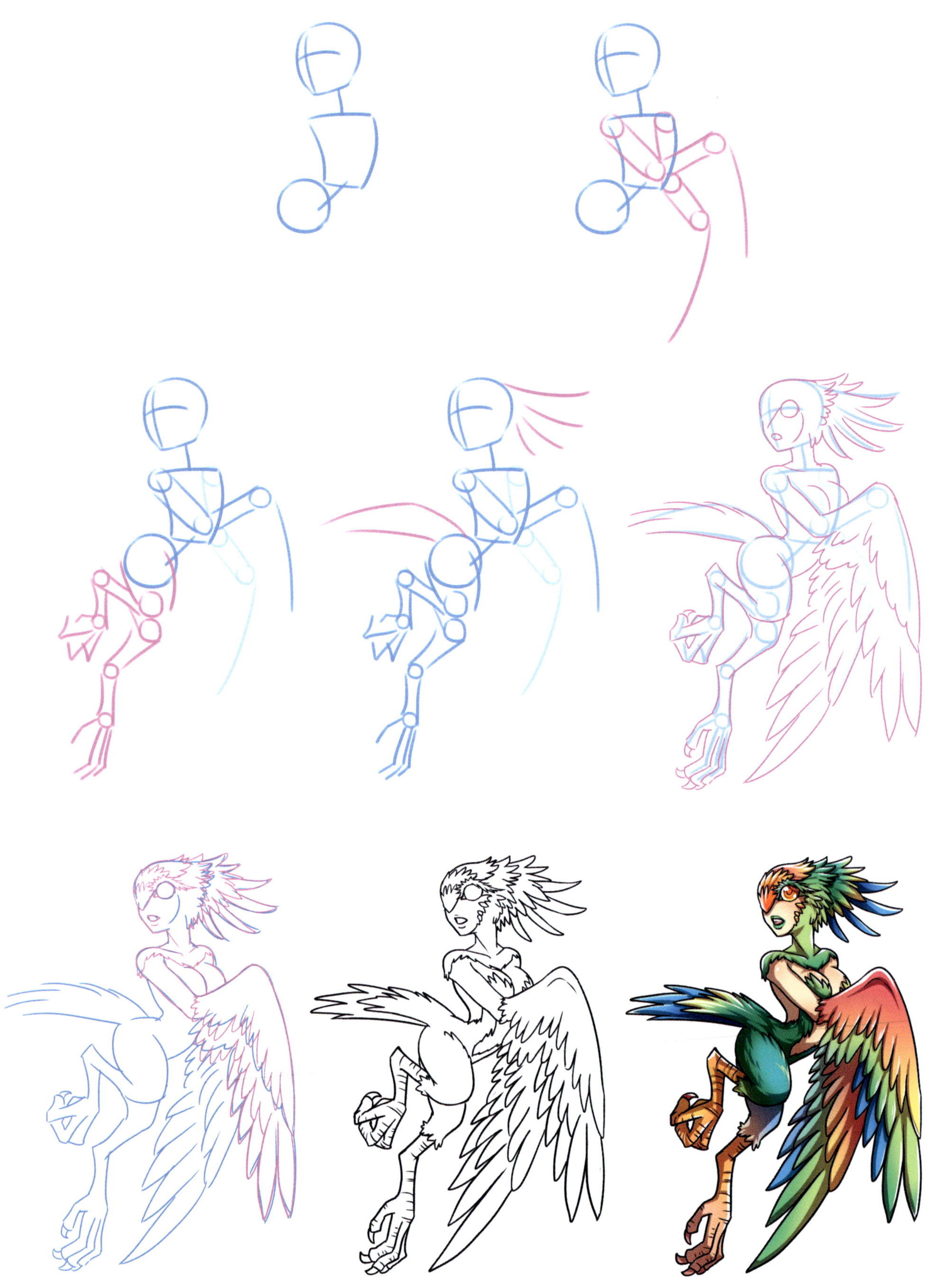

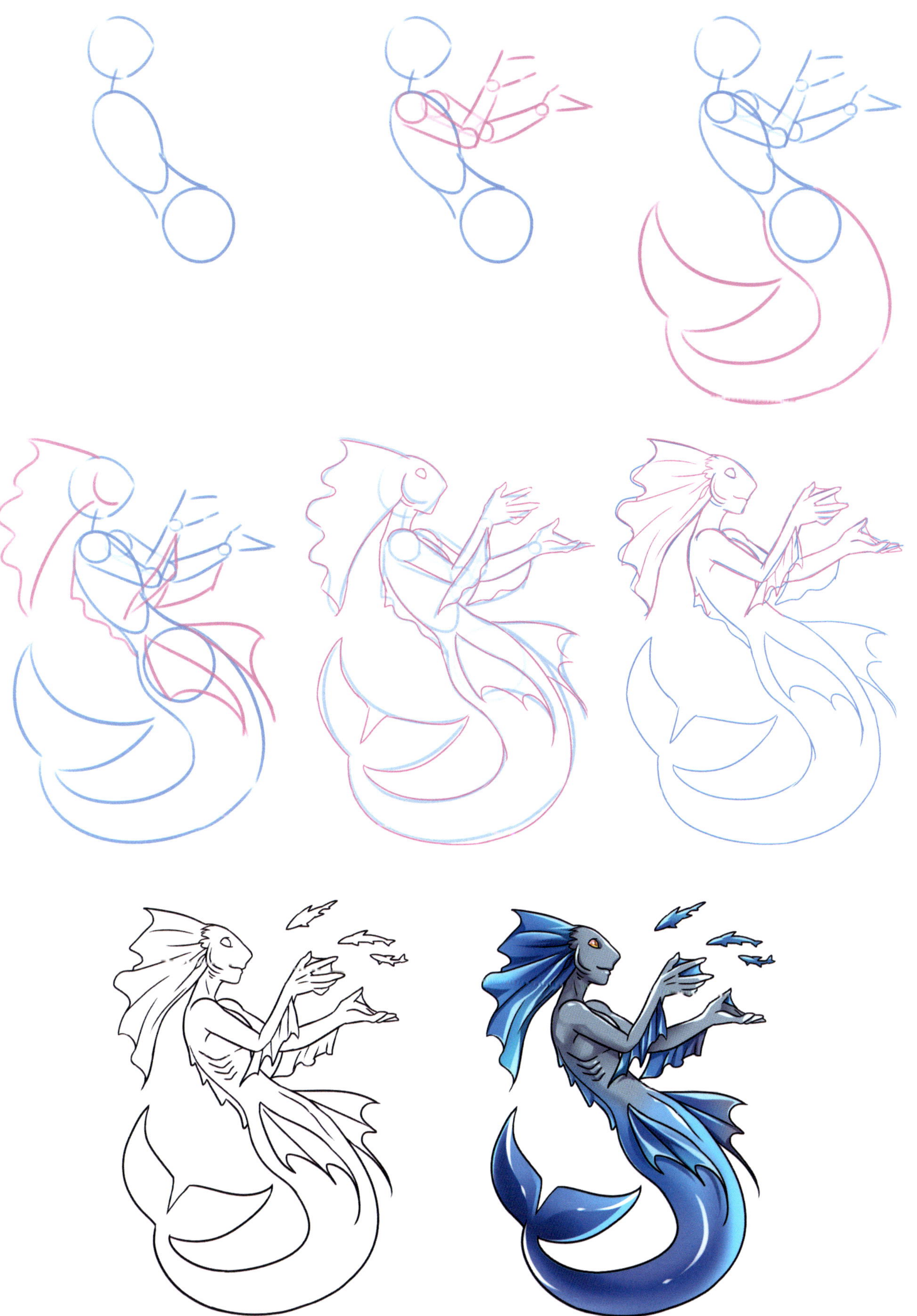

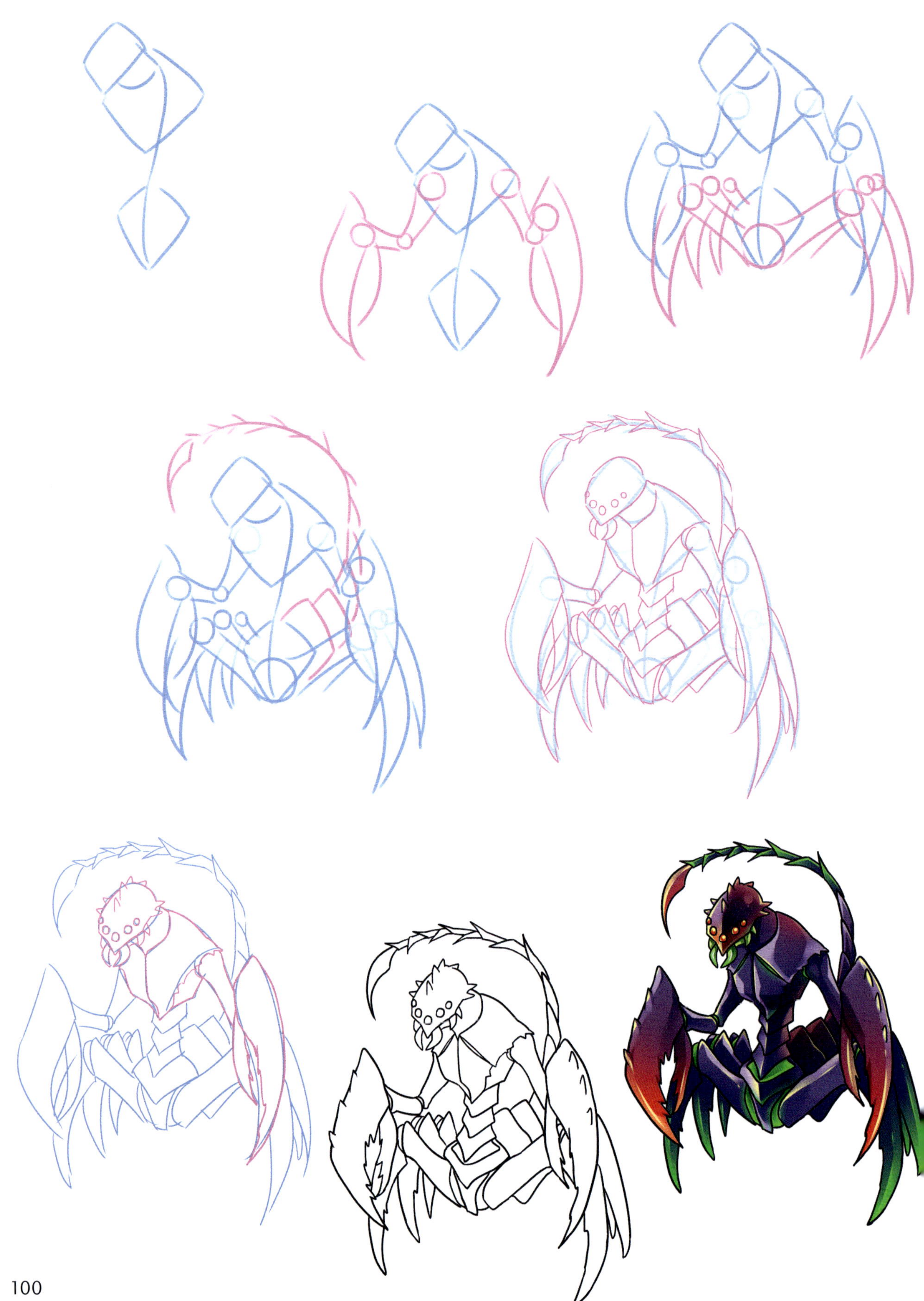

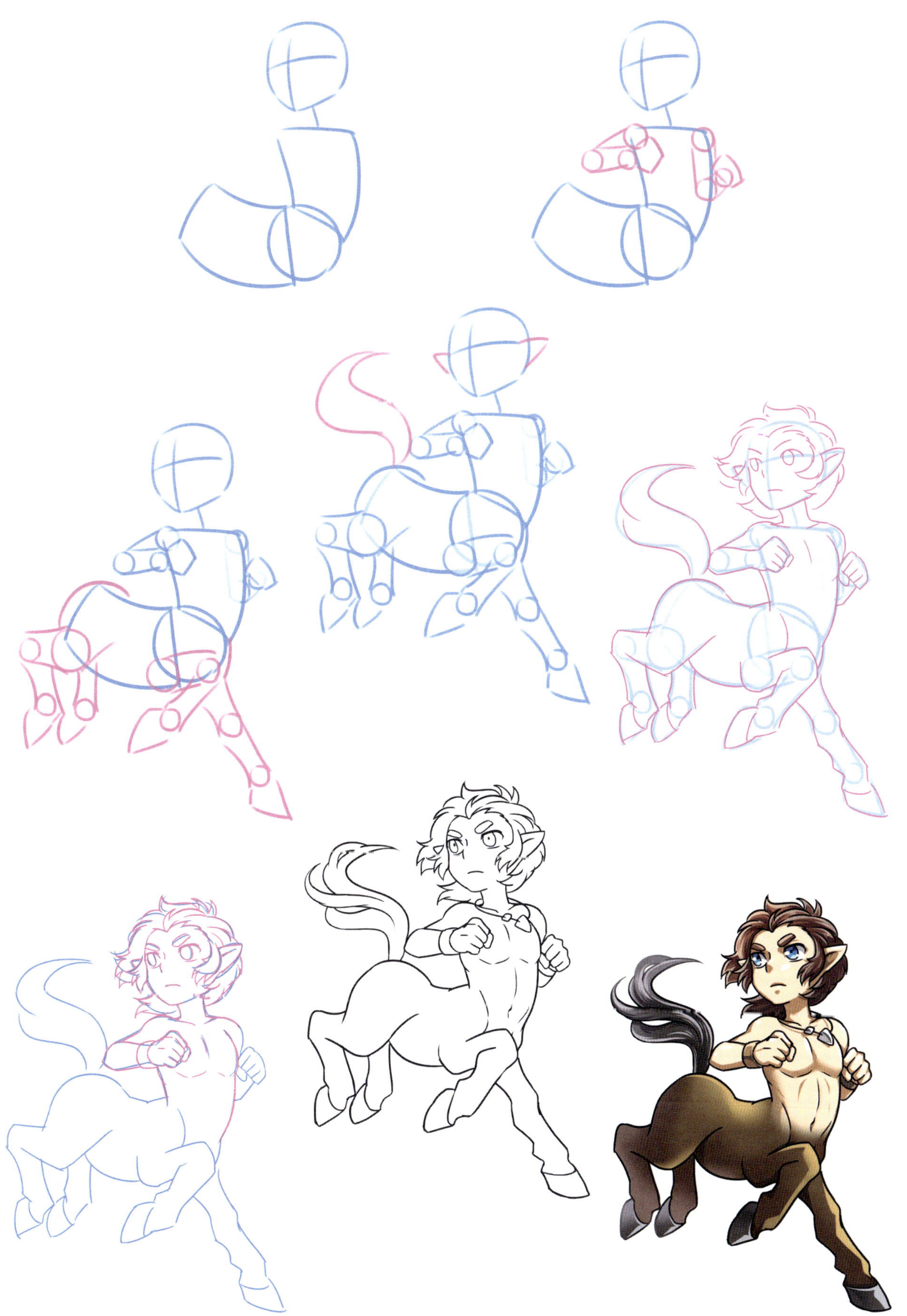

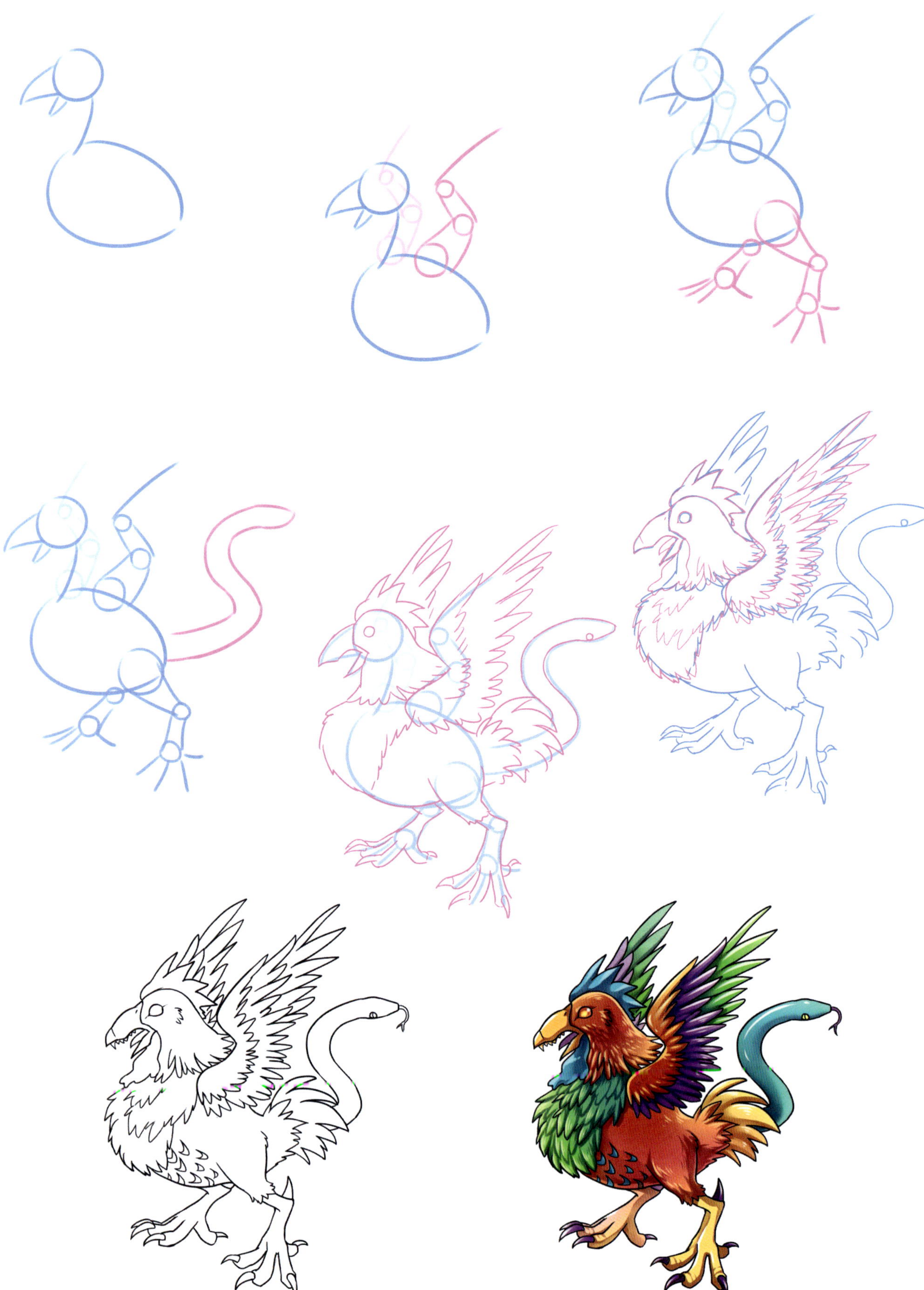

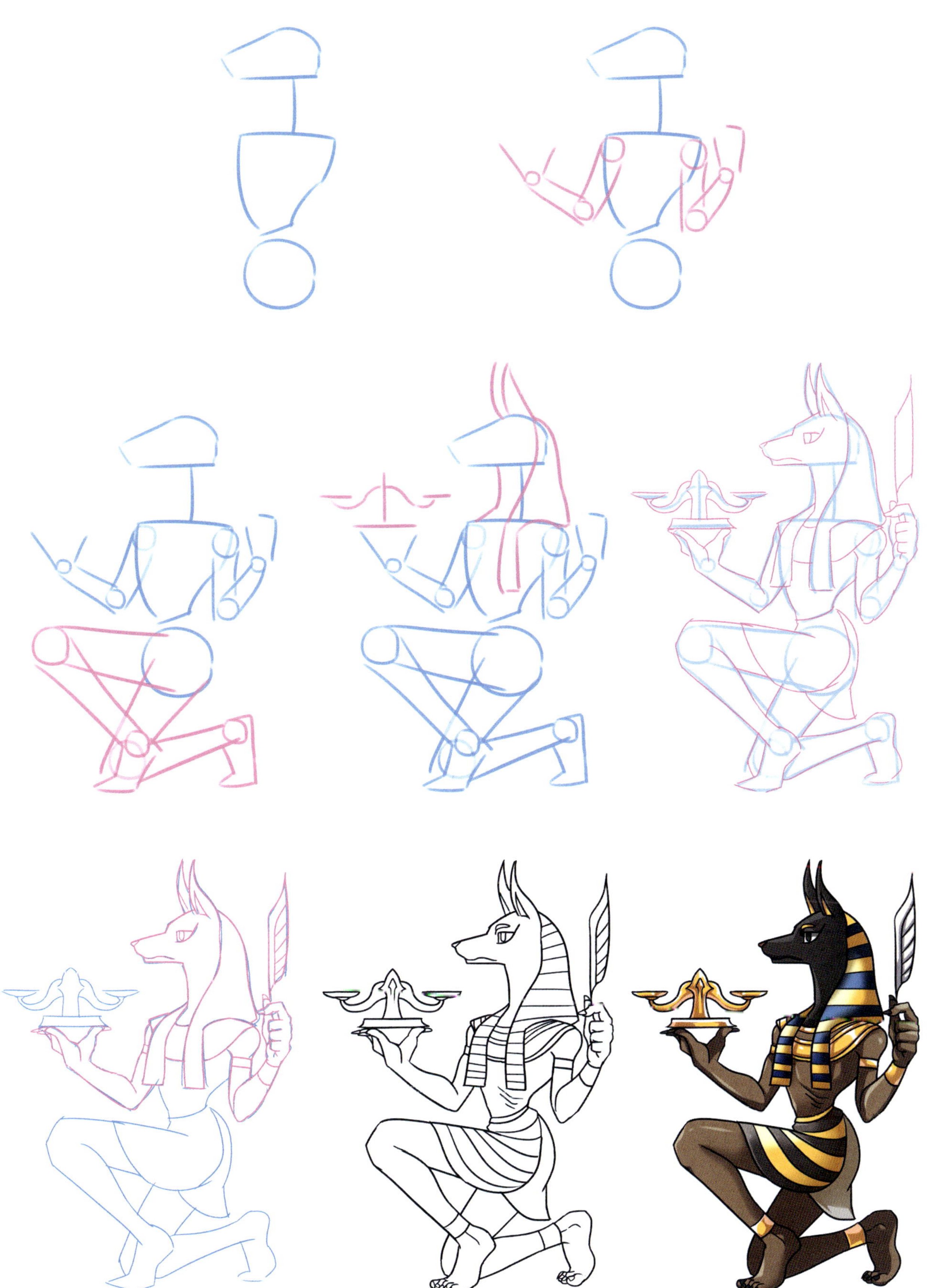

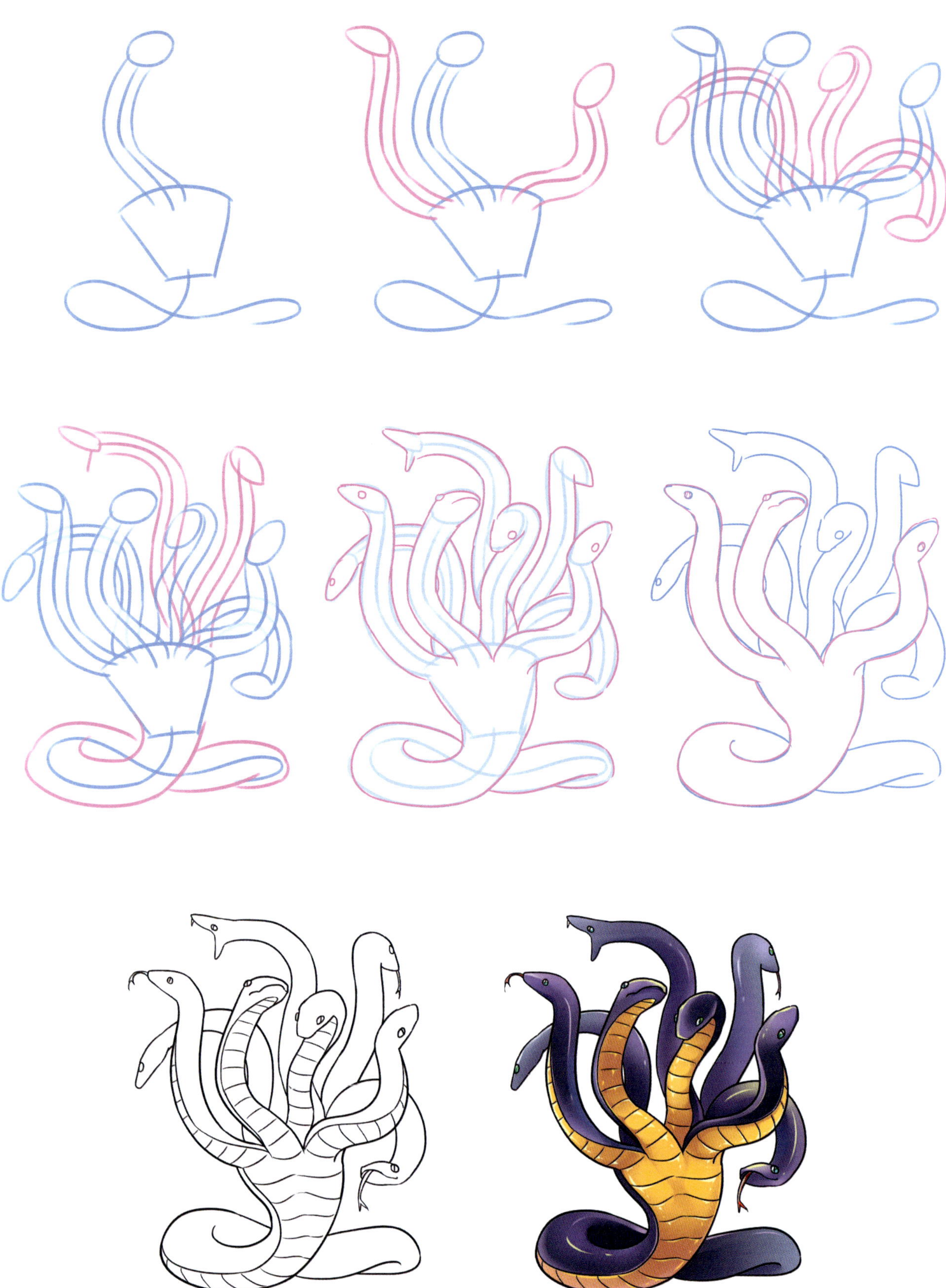

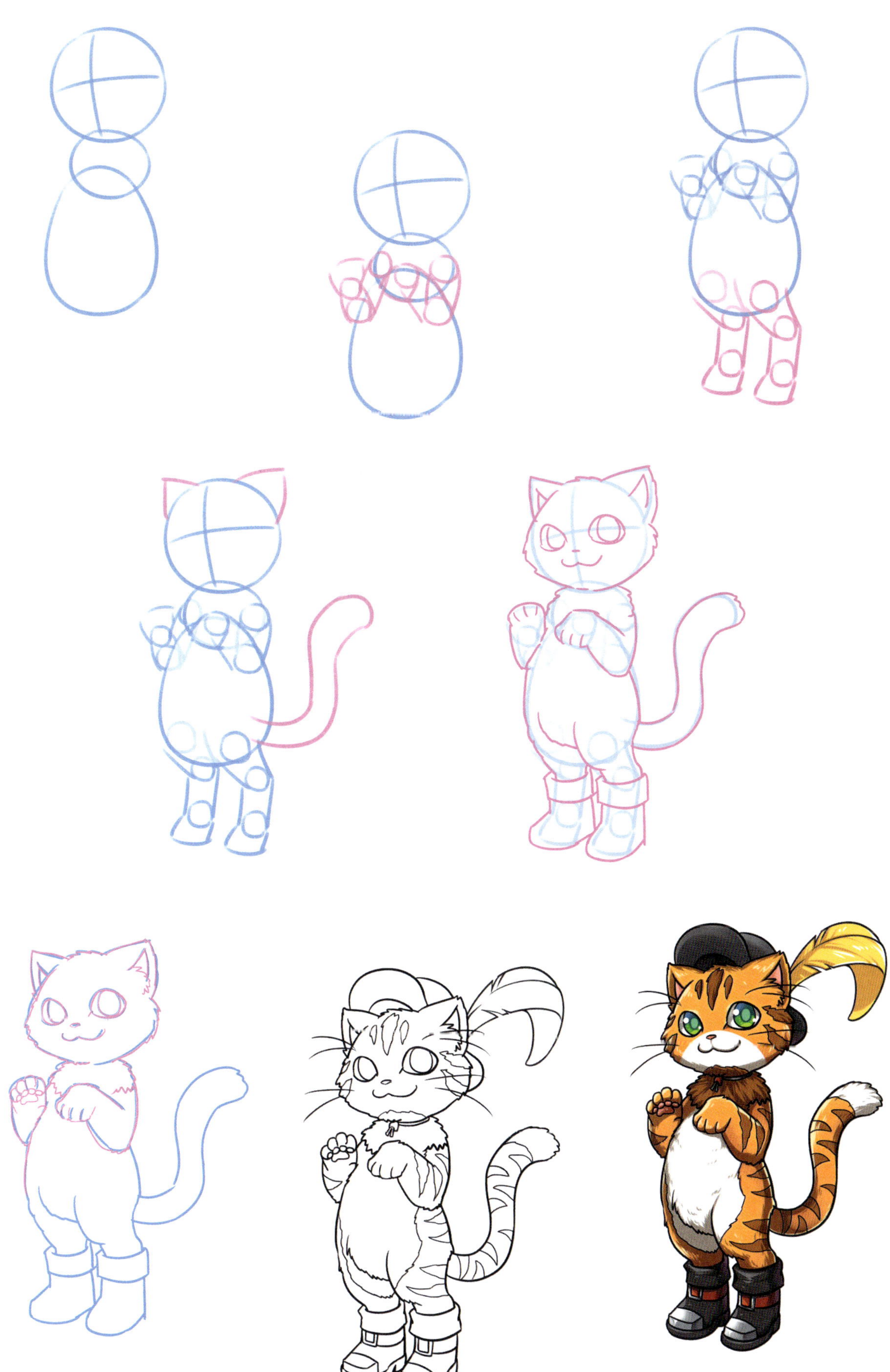

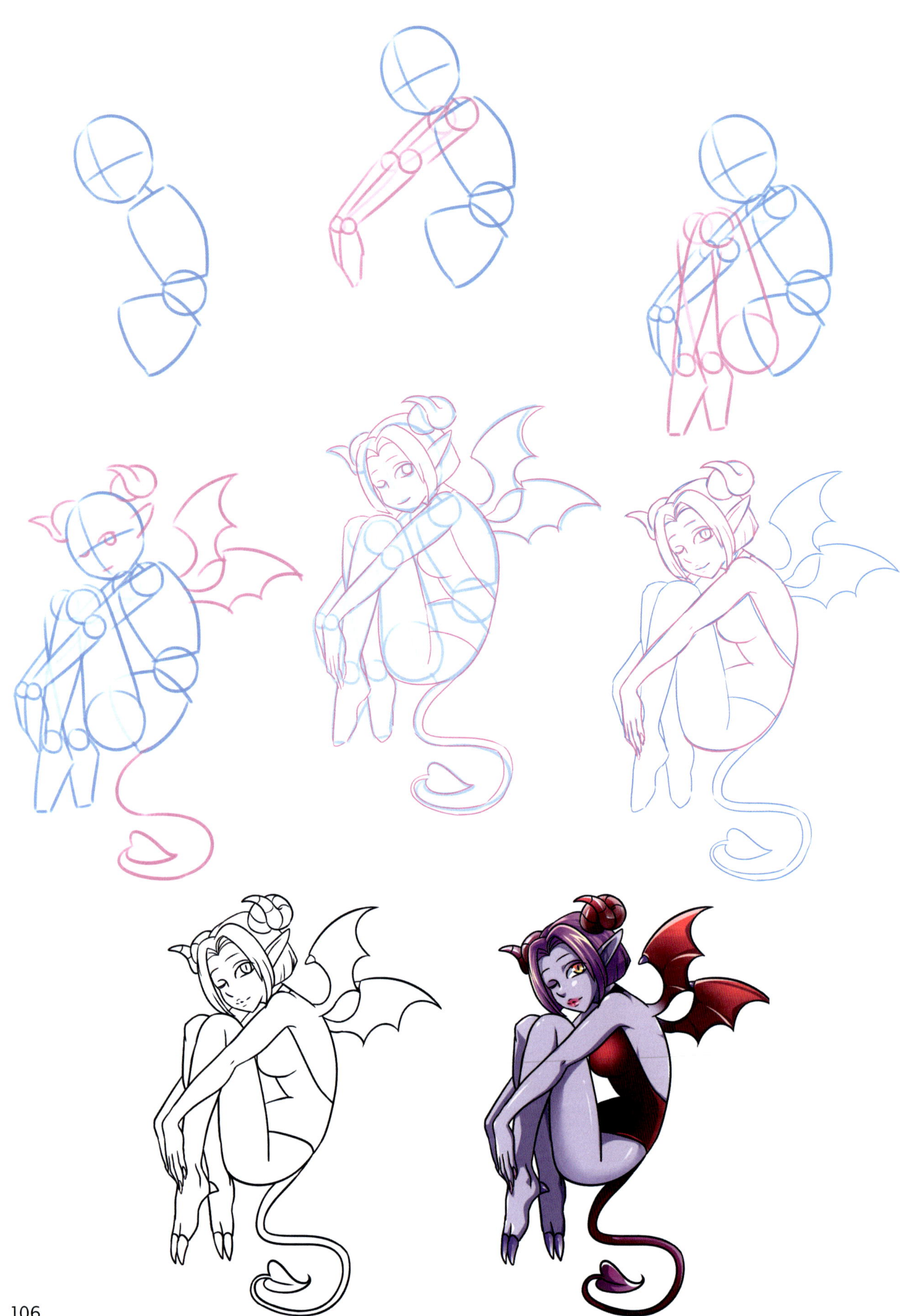

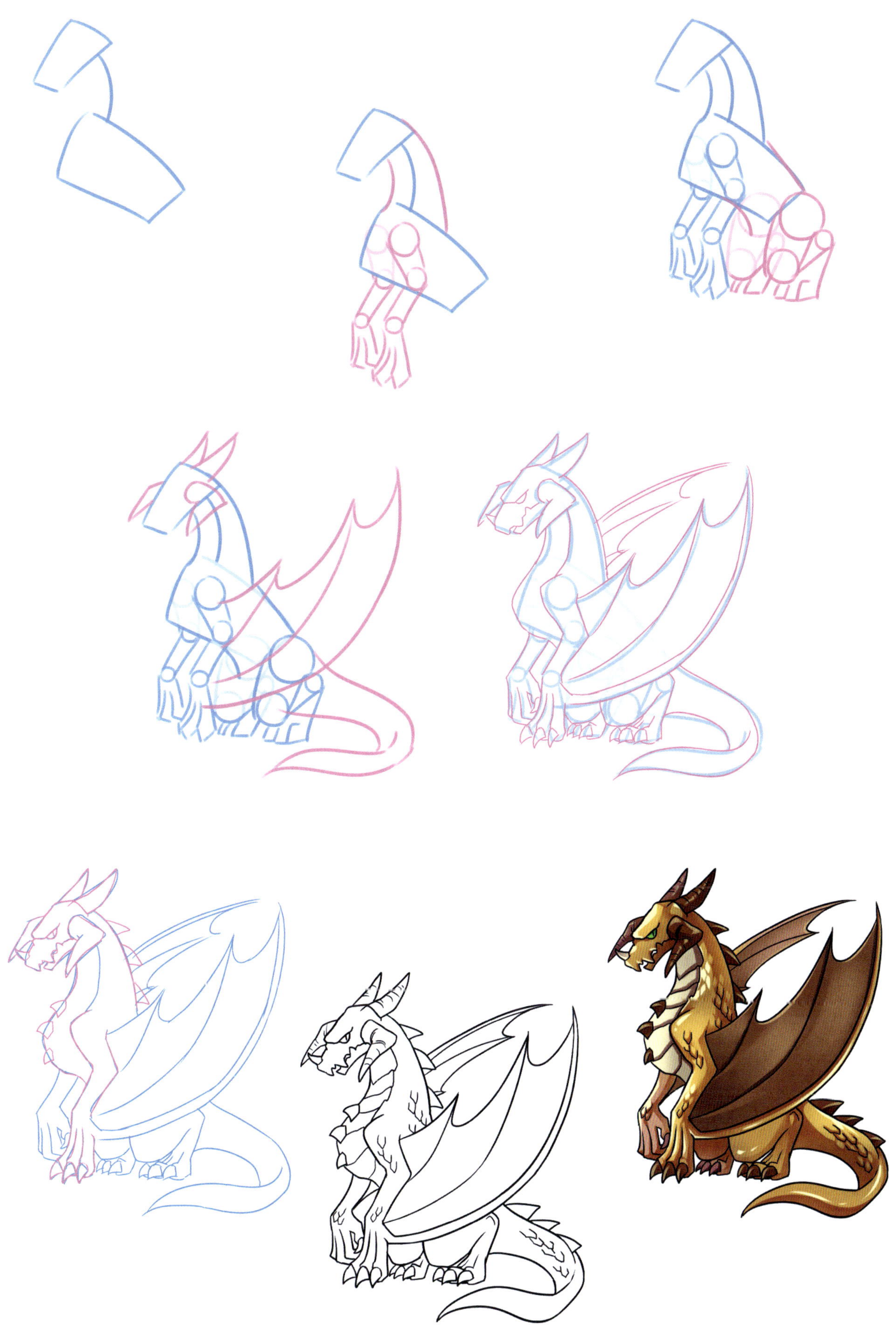

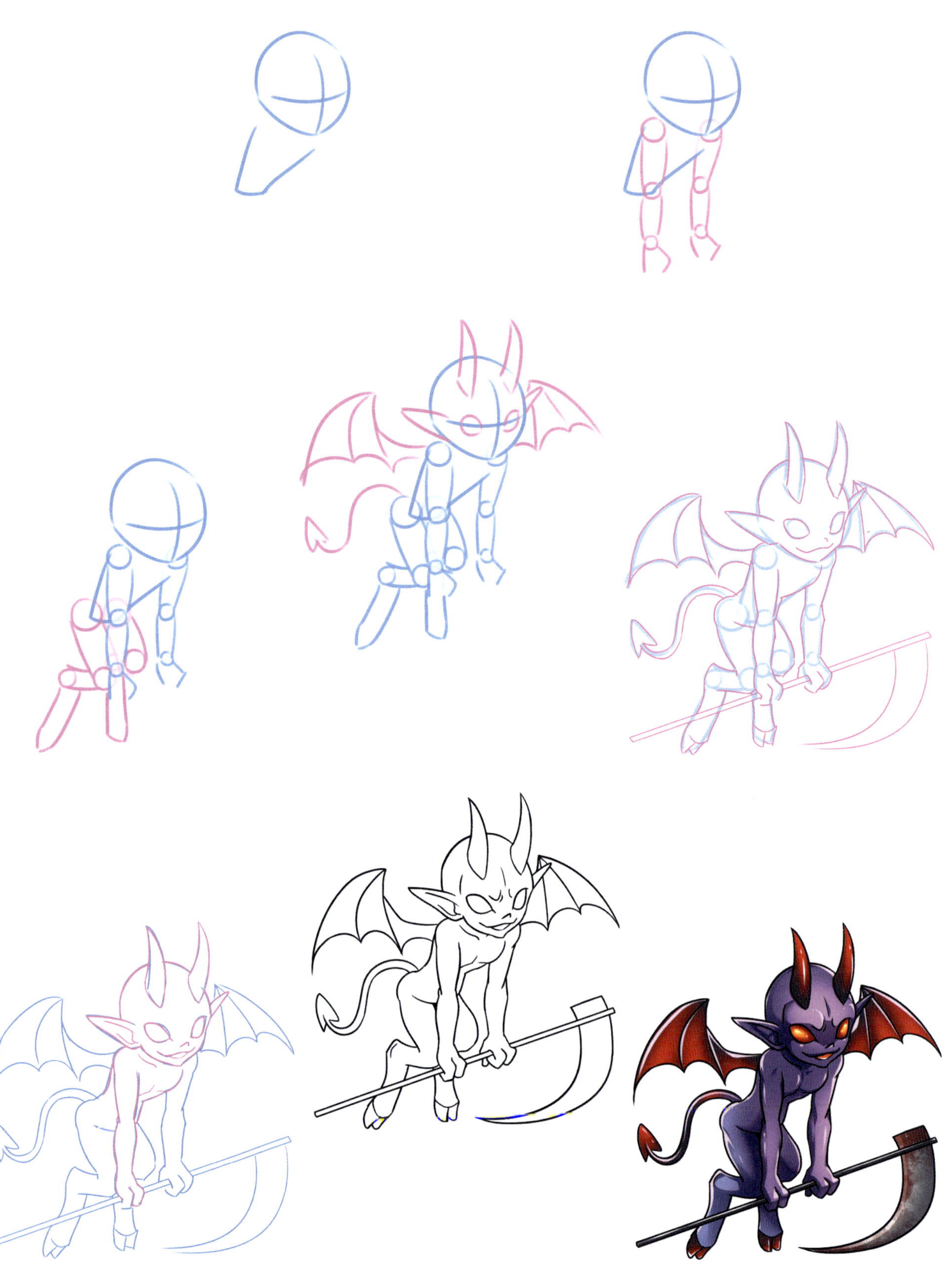

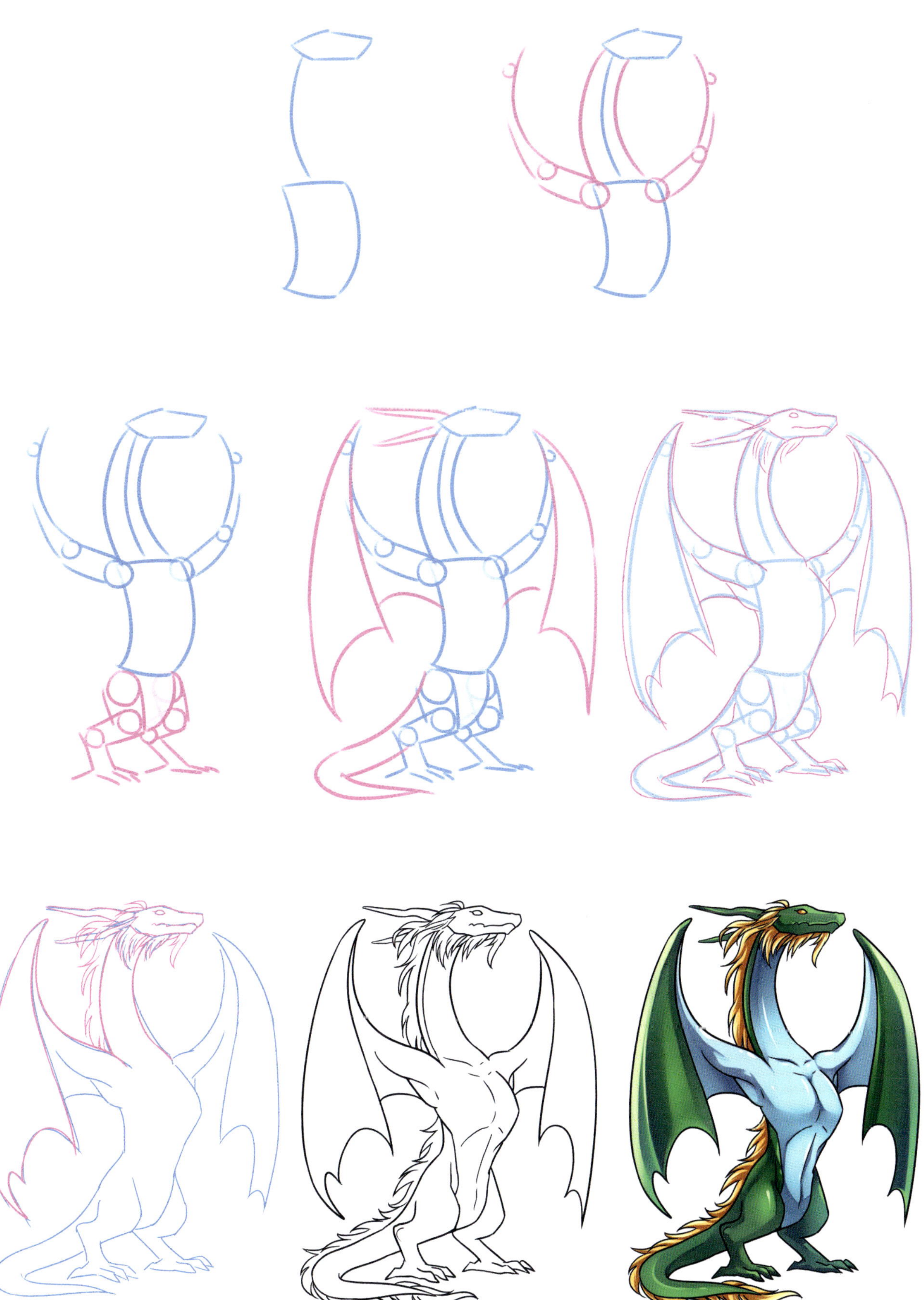

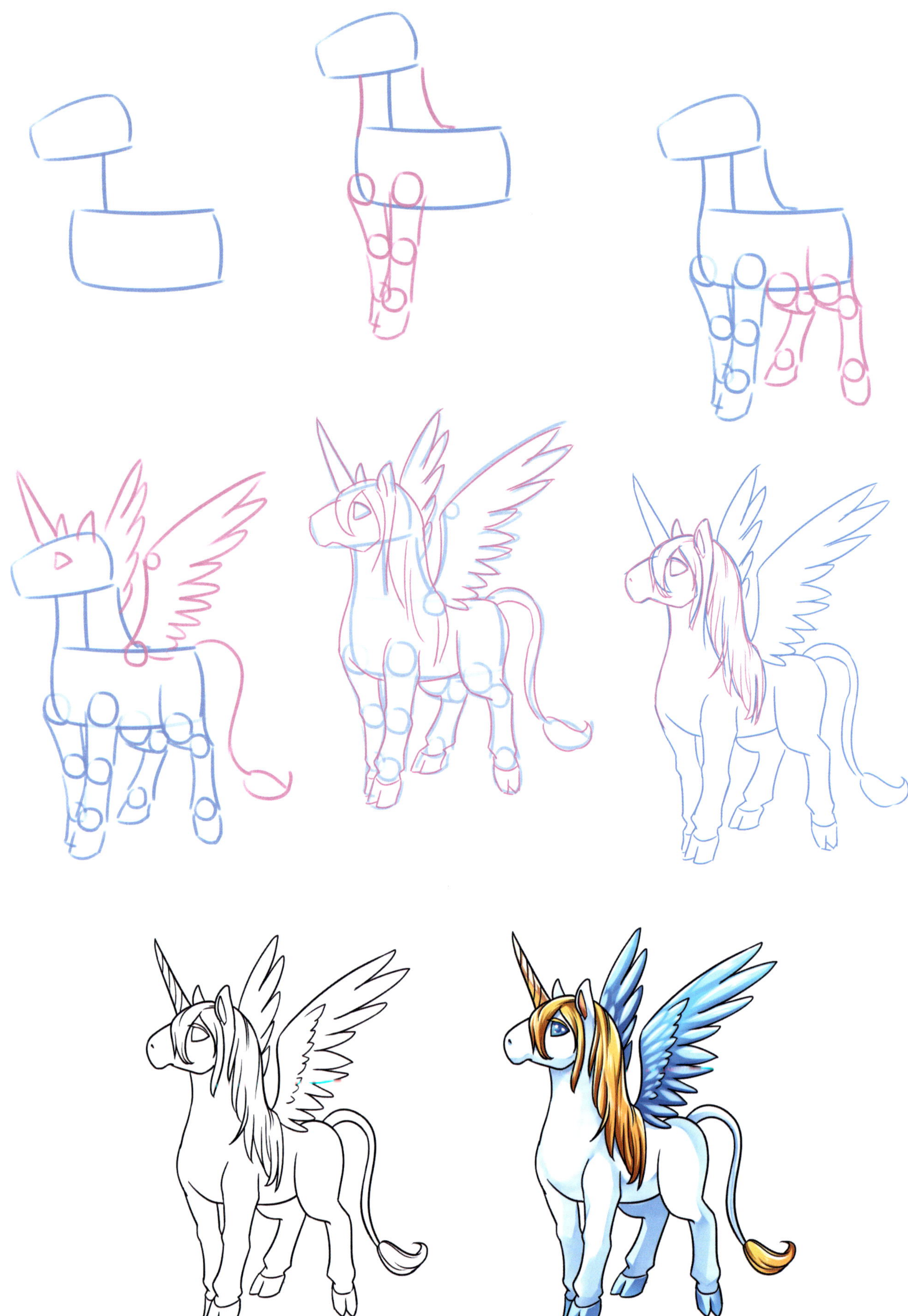

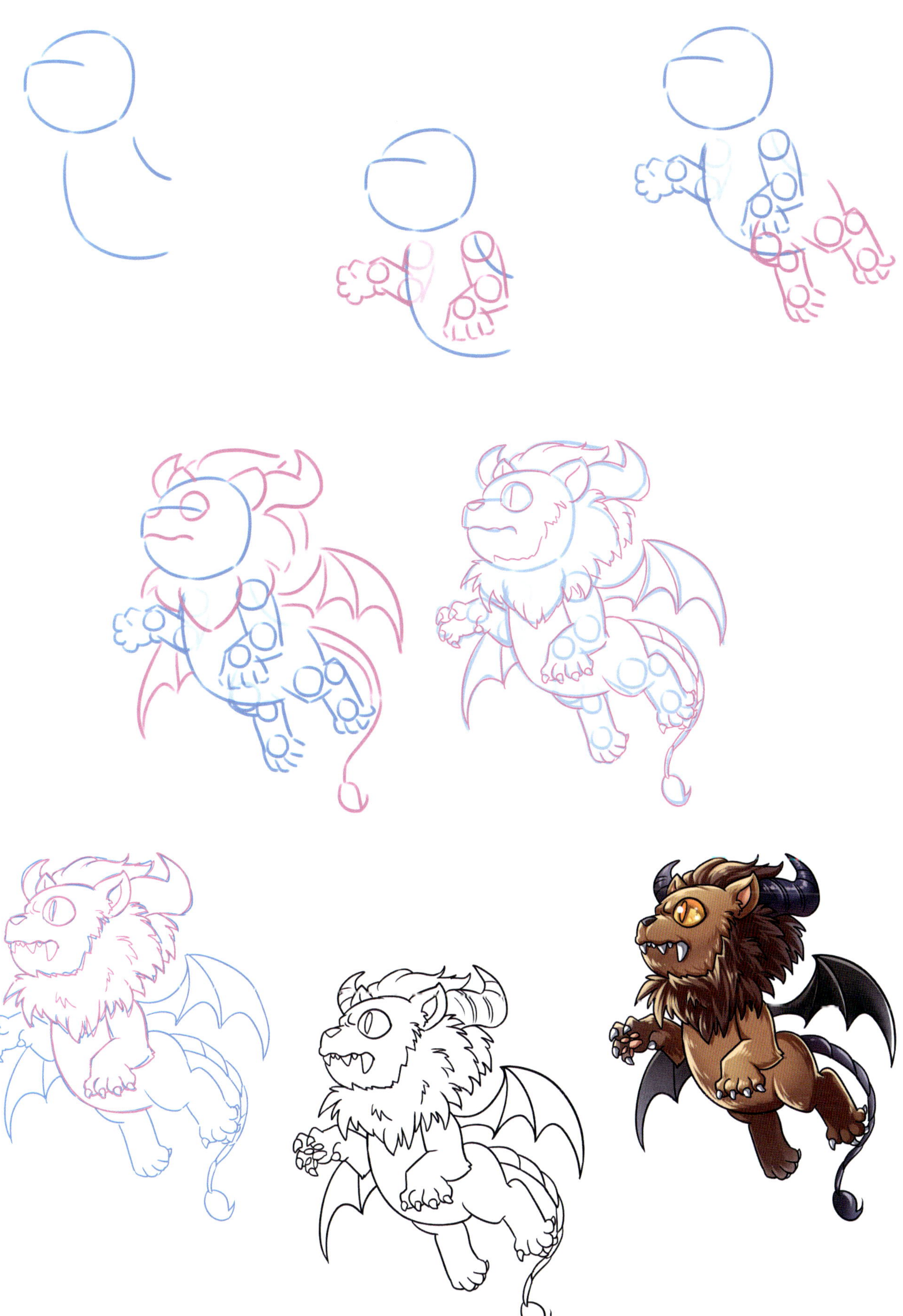

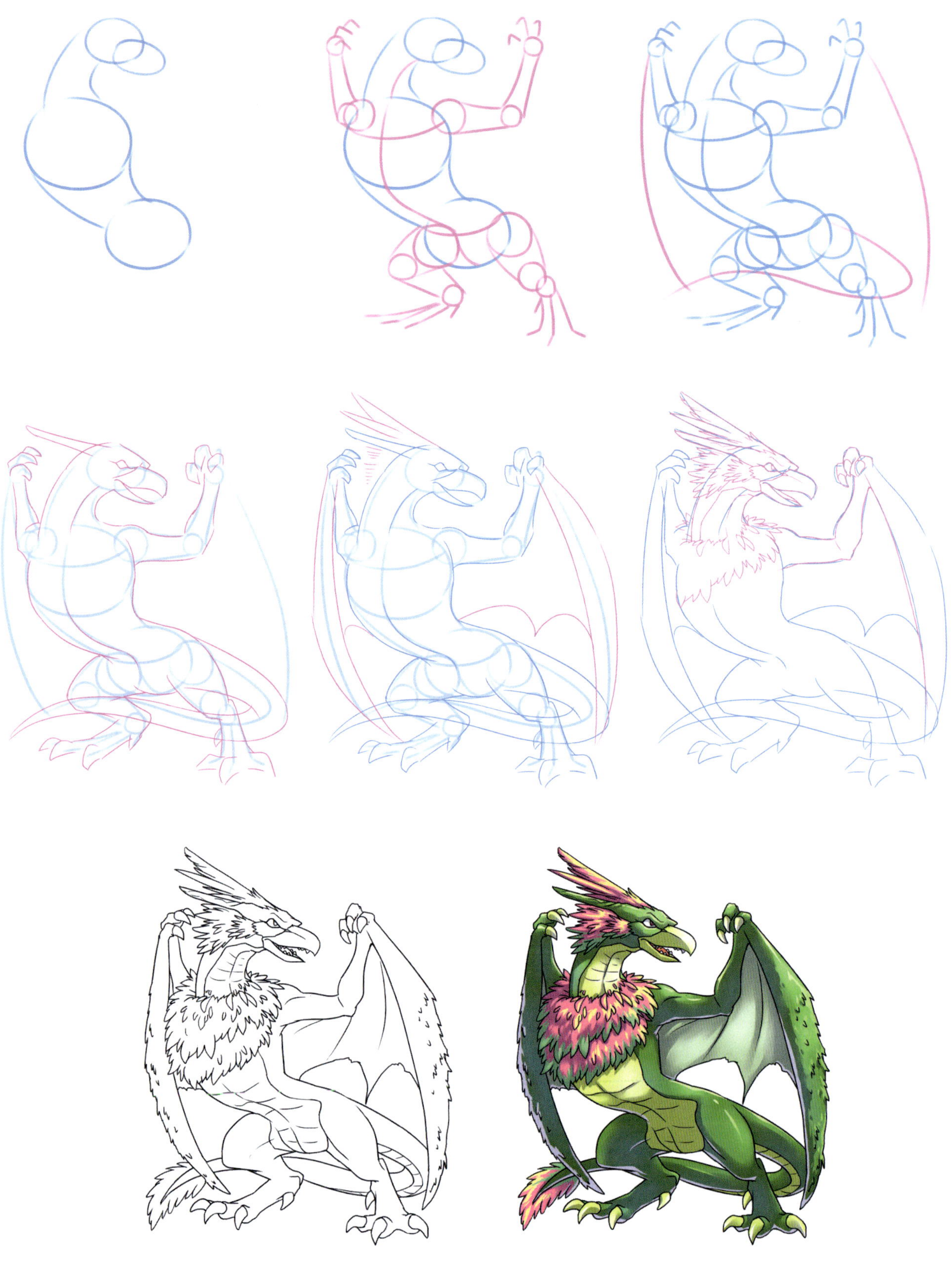